仕末に困る人

# 西郷吉之助

# はじめに

西郷隆盛は「西郷さん」と呼ばれ多くの人が知っている名前です。日本の歴史上最大の変革ともいえる明治維新の主導者で、大久保利通や木戸孝允と並び維新の三傑といわれています。また、明治政府による維新の論功行賞で大久保や木戸が賞典禄千八百石であったのに西郷は二千石で、当時において独り抜き出て評価されていたのです。しかし、西郷が明治政府の中央政府にいたのは二年余りです。明治六年征韓論争で下野し鹿児島に帰ってからは、中央政府に戻ることはありませんでした。そして明治十年の西南戦争で賊軍の大将として死んでしまったのです。明治政府に反乱を起こしたとして賊名を着せられ、西郷の賊名が解かれたのは十二年後の明治二十二年のことです。

西郷は討幕維新の実績とその言行により「大胆識」「大誠意」「大度量」の人と評され、英雄的風貌とあいまってそのようなイメージが定着しています。西郷の多くの伝記や評伝も、このイメージが基本となって描かれています。征韓論争にしても何十年も変わらない定説が現在でも論じられています。

しかしながら、『西郷南洲遺訓』を何度も精読していると、果たして西郷はそれのみの人物であったかと思えてくるのです。『遺訓』には西郷の人生観、哲学、思想、国家観が述べられています。歴史家や学者の方がこの『遺訓』をもとに西郷を研究してくれたら、今までの通り一遍の西郷像とは少し違う西郷像になったのではないかと思います。

また、西郷は明治になって国家像など持っていなかったように思われています。しかし、そうではありません。『遺訓』の中には明確な西郷の国家観が現れているのです。

西郷が目指したのは政治や経済、そして人々の生活の中に道義（人の行うべき正しい道）を取り入れて、人間の生きる目的や人としての成長を重視した道義主義を主体とする道義国家です。

幕末から明治の変動期にはとうてい受入れられない思想でしたが、二十一世紀の混迷する世界人類にとっては今こそ必要な思想です。

浅学菲才の身ではありますが、長年の『西郷南洲遺訓』の愛読者として、西郷という人間をもっと知ってもらいたいと思い、『遺訓』の中にある西郷を私なりに書いてみました。

平成二十年十二月二十四日

仕末に困る人　西郷吉之助＊目次

## 第二章　信長と西郷

## 第三章　聖賢への道

## 第四章　廃藩置県

## 第五章　西郷と政治

## 第六章　遣韓使節論

## 第七章　道義国家

# 第一章

# 仕末に困る人

# 西郷の本名は隆盛ではなく隆永《たかなが》だった

西郷の名前は隆盛として知られているが、それは明治になってからの名前である。大久保一蔵が利通と、桂小五郎が木戸孝允と改まったように、吉之助が隆盛と改まったのである。西郷の改名のときのエピソードがある。明治政府から維新王政復古の尽力を評価され、正三位の位階を授けられたとき、実際の本名は隆永であったが、担当官の手違いで書面には実父の名前である隆盛と記されていた。それを見た西郷は「まあ、いいか」といった具合に別段担当官をとがめて改めさせることもなかったので、以降西郷隆盛が正式名称となった。

普通であれば名前の変更は権利関係の名義にかかわる重大事であるので、改めさせ責任を追及するはずであろう。西郷の事跡を見ていると、自分自身が責任をとればよいこと、自身が我慢すれば済むこと、自分自身で解決できるなど己一身のことに関しては、些事《さじ》にこだわらないというか、軽く考えるようなところがあった。西郷自身の中にある決断の優先順位が、こと自分に関しては低いところにあるからだと思える。

人間は物事を判断決断するとき、自分自身の持つ判断基準をもとに優先順位を決めていく。その人が何を基準に優先順位を決めているかによって違った判断結果となって表れる。

討幕という目的のためには、二百六十五年続いた徳川幕府があまりに巨大に見えたため、小異を捨て全力で各自戦わなければならなかったが、江戸城無血開城により案外スムーズに行った。戦争につぐ戦争と長い内戦を経て、灰塵の中から戦国乱世を信長のように勝ちあがった革命政府ではなかった。そこで各自の小異が頭をもたげ、各自の判断基準が自由に歩き出し、必然的に派閥政争を演じていくのである。そして征韓論争、西南戦争に至った。

西郷は五十年の生涯の中で、幕府に追われ奄美大島に身を隠さなければならなかったとき、菊池源吾と変名して大島に渡った。その後何回かその時々で変名しているが、少年期・青年期の多くを通称の吉之助で通し、明治になっても吉之助でとおしており明治五年亡父の借金返済のため貸主の板垣與三次あて、明治六年叔父椎原與右衛門あて書簡には「西郷吉之助」と記されている。

隆盛と改名してもなお、よほどの公的なもの以外は吉之助と名乗り、西南戦争で「晋どん、もうここらでよかろう」と言って別府晋介に首を打たせるまでは西郷吉之助であった。「吉之助」の名称は西郷の思想と行動原理が一体化した「イチロー」のようなブランド化されていたようなものではなかったかと思う。朋輩からは「吉之助サァー」と信頼と敬愛をこめた言葉で呼ばれ、幕末動乱維新回天の中で働いているときは、「吉之助の一諾」と西郷の伝記にあるように、吉之助という名には西郷の全部と言えるほどの思いと愛着と重みがあったのではないかと思われる。

西郷は身長百七十九センチ、体重は多い時で百十キロはあった。青春期や幕末動乱の中で活躍しているときも九十キロから百キロの間でなかったかと言われている。東京の上野公園の銅像を見ても、鹿児島にある軍服姿の銅像を見ても、明らかに太っている。太り過ぎではないが、貫禄のある肉のつき方で、当時としては相当大きな男であった。江戸城無血開城を決定した勝海舟との会談を描いた絵の中でも、堂々とした大男として描かれている。眉は黒く太く、目は大きく「ウドメサー」（目の大きな人）というあだ名をつけられた。体格は雄偉で見るからに英雄の風格があったと評されている。

性格は誠実、真面目で温厚だが正義感は強い。普段は口数が少ないものの、話すべきときや意見を述べるときは、誠意ある言葉で話し雄弁であった。礼儀正しく、誰に対しても丁寧な言葉づかいで、威張ることはなかった。かえって自分の体の大きさが人を威圧しないかと気を使ったほどだった。人一倍愛情深く弱い立場の人を見ると助けずにはいられなかった。自ら正しいと信じることにおいては、相手がどんな権力者や権威者であろうと、一身を顧みず自ら信じる道を行った。

欠点としては、隠遁ぐせ（人間関係がこじれたり、人の嫌な面に接したりすると、「オレ、やめたっ」となにもかも投げ出し田舎に引きこもるくせ）。不正義、高慢、横暴なことに接すると切れることがあった（本人も自覚していて、切れないように常々努力していた）。これらの良いも悪いも含めた上での全てが「西郷吉之助」という名称にはある。

# 常人の尺度では計れない人物

　一八六四年（元治元年）九月ごろ、西郷と会った勝海舟が西郷の人物をしきりにほめるので、弟子の坂本竜馬が自分も会って見たいということで勝海舟の紹介状をもって西郷に会いに行った。そのときのエピソードが『氷川清話』（勝海舟語録）に記されている。竜馬は西郷を評して「なるほど西郷というやつは、わからぬやつだ。少しくたたけば少しく響き、大きくたたけば大きく響く。もしばかなら大きなばかで、利口なら大きな利口だろう」と語った。それを聞いた海舟は「評される人も評される人、評する人も評するひと」と言って感嘆したという。

　西郷と大久保を主人公とした著作『翔ぶが如く』の中で、司馬遼太郎氏は「西郷という、この作家にとってきわめて描くことの困難な人物を理解するには、西郷にじかに会う以外になさそうにおもえる。われわれは他者を理解しようとする場合、その人に会ったほうがいいというようなことは、まず必要ない。が、唯一といっていい例外は、この西郷という人物である」と書いている。

また氏は「人間の尺度の場合、度量衡《どりょうこう》よりもはるかに複雑で、というより、言語というものは、その人間から出て他の人間と語られる場合、語り手の中にある情景も論理とはよほど別なものとして聞き手に受け取られることがむしろ普通である。とくに西郷のように度量衡のメモリがどうやら他の者とずいぶんちがっている男の場合、彼が言うことも行うことも、同時代人にも後世人にも、まったく別なメモリでもって量られるのが普通であり、西郷が基本的に悲劇的な存在であるというのはそういうところにあった」と述べている。

西郷とじかに会った坂本竜馬も「馬鹿なのか利口なのか量りがたい」と評し、有名な国民的歴史作家である司馬遼太郎氏をしても会わないとわからないと言わしめている。また一方では、「西郷さん、西郷さん」と言って尊敬したり恐れたり騒いでいるが、馬鹿で無能だと、かの大隈重信は西郷のことを本当にそう思っていたと伝えられている。どだい他人の評価など正確ではなく、当てにはならないものである。またそういうものである。西郷は若者と接するのが好きであった。西郷のまわりには、人斬り半次郎といわれた中村半次郎や篠原国幹、村田新八といった剽悍《ひょうかん》な薩摩兵児《へこ》が師父を慕うごとくまとわりついていた。

西郷なら現代の若者にこう言っただろう。「人の評価や世間体などいっさい気にするな。それよりは多くの本を読んで、自分のなんたるかを見つけなさい。世界に独り（一人）しか存在しない自分である。自分をもっと大切にして向上発展させなさい。そして自分を強くたくましく磨いて、他人の評価や世間の評価に左右されない強い自分を作り上げなさい」と。

西郷自身も島津斉彬に見出され、秘書官として中央政界でデビューさせられたため、先輩同僚から嫉妬の対象となり、あらぬ雑言や誹謗中傷を受け、ずいぶん悩んだこともある。他人や世間から、ほめられたり、けなされたりすることは、月が欠けたり満ちたりするのと似ている。満ちたり欠けたりするのは月ではなく地球の影となって、そう見えるだけだ。もともとの月の姿は丸いままで変わってはいない。影でそう見えるだけである、という意味の漢詩を西郷は書いている。

月のように自分自身は変わってはいないのである。影で一喜一憂すべきではない。人は自分のもつ物差しで、他人を計ろうとし、計ってしまう。しかも自分の力量の長さしかない長さの物差しで、他人の力量をおかまいなしに計ってしまう。それでは千差万別の見方になってくるのは当たり前である。他人のスケールで計られることを気にするな、自分のスケールを長く大きくせよと西郷は言いたいのではないか。

## 真面目な事務職員

薩摩藩下級城下士西郷家の長男に生まれ、彼の下に三男三女がいた。二男が吉次郎、三男が慎吾（後の従道）、四男が小兵衛、長女は琴、二女は高、三女は安。

十五のとき、元服して通称「吉之助」とし隆永と名乗った。十八のとき、郡方書役助に任用された。家禄も低く大家族で貧乏であった。薩摩藩ではこのような貧困藩士の家計を助けるために、その子弟が十七、八になると、本人の持っている技能に応じて役目を授けて手当を与える制度があった。西郷は能筆であったため、郡方書役助に採用され、後に郡方書役となった。約十年間この職に就いていた。現在でいえば鹿児島県農政部の地方出先機関で働く事務職員といったところではないかと思われる。この間、評伝などにより次ぎの二点が知られている。

(一) 西郷は数人の郡奉行に仕えたが、最も彼に影響をあたえたのは、最初に仕えた迫田太次郎右衛門利済であった。迫田は学問もあり見識も高く、無欲恬淡《むよくてんたん》で奇骨稜《きこつりょう》々《りょう》の武士だった。西郷は元来正義感が強く篤実で情のあつい性質なので、迫田奉行ともよく気が合い尊敬していた。迫田は西郷に「民は慈しむべきもの」と教えた。役目で奉行その他の上役に随行して、よく郡内の農家を巡視して歩いたが、病気や貧困で苦しんでいる家を見ると自分の手当を割いて恵むことがしばしばあった。奉行に話をして凶作で年貢を納められない農家の年貢を軽減してもらったこともある。

(二) 朱子学の書である「近思録」を大久保正助、吉井友実、伊地知正治、有村俊斎ら仲間と共同研究した。

西郷は郡方書役として、まめに田畑をまわって農民達と接し、重税にあえぐ農民の苦しさを現場で体験した。後の話になるが、西郷が征韓論で敗れ下野し、鹿児島に帰っていたとき、帖佐《ちょうさ》という村で百姓一揆がおこった。それを聞いた西郷は県庁に出向いて、時の県令大山綱良に自分に一揆のとり鎮め役をさせてくれと申し込んだ。当時西郷は帰国しているとはいえ、現職の陸軍大将であり元帥だったので、これではさしさわりがあるとして、県庁から雇員の辞令を出してもらい、そして帖佐村に出向いた。

そこで、西郷は当時の戸長（後世の村長）から委細の話を聞き、できるだけ農民の要求が通るように骨を折ろうと約束した。ところが、戸長は苦渋の表情で西郷にこう尋ねてきた。「自分たちとしては、農民と役所の間にいて役所の指示に従わなければならない立場ではあるが、農民の申し出が道理にかなっている場合が多い。このようなときはどちらの味方をすべきか」。西郷は「いつも農民を目の前にしていて農民の苦しみが分からないようでは姦吏である。もちろん農民の味方をするべきである」と答えたという。

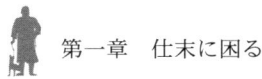

私が西郷に感心するのは、二十代の何の肩書きもない青年のときと、二十数年たって陸軍大将（当時日本に一人であり実際の軍のトップである）のときと、農民あるいは弱い立場にある者に対し取った行動が変わらないということだ。普通賢い大人はできない。まず自分の立場や損得を計算するから、不利になるようなことはやらない。ましてや地位や名誉があれば、ちょっとでも不利になること損になることは絶対にしない、できない。それが普通である。

だいたい若いときは、どこの国の若者もそうであるが命を軽く考えるものである。暴走族やテロリストに志願する兵らは若者であり、若いから命知らずである。四十代五十代になると自分の先が読めるようになるので、だんだんと命が惜しくなり、一日でも長生きしようと願う。このへん西郷は地位と名誉を得た大人になっても若者にある命の軽々しさを常にもっていた。竜馬の言う大馬鹿者だったのである。

# 一度は本当に死んだ人間

幕府の大老となった井伊直弼による安政の大獄（井伊直弼が一橋派と尊攘派を弾圧した事件）で西郷は、幕吏に追われる身となった。西郷とともに将軍継嗣問題で一橋慶喜擁立運動に尽力した京都の清水寺成就院の住職月照もまた、幕府の追及を受けるようになった。島津斉彬の依頼を受け月照は、西郷や仲間同志らを近衛家や朝廷の公家に取り次ぐ役目を果たしていたのである。世に言う安政の大獄の嵐が吹き荒れる京で月照が万一捕らえられては大変だということで、西郷は近衛忠熙《ただひろ》に月照の庇護を頼まれる。

これより数カ月前の一八五八年（安政五年）七月、西郷が師父のごとく慕い尊敬してやまない藩主斉彬が急死した。このとき西郷は殉死しようとしたが、斉彬の志を継ぐことが大切だと月照に諭《さと》され殉死を思いとどまった。

西郷は、先君斉彬と月照の関係を考えたら薩摩藩は月照を保護してくれるはずであると思い、月照を伴い鹿児島に帰った。しかし、鹿児島では藩主斉彬がすでに亡くなっていたこともあり、反斉彬派ともいうべき旧守派に政権が入れ代わっていた。そして前藩主の懐刀として活躍していた西郷をかえって邪魔もの扱いにした。また月照に対しては庇護するどころか幕府の嫌疑を恐れるあまり、関外の地である日向（宮崎）への追放処分とした。西郷は月照とともに鹿児島から船で日向に出発することとなった。この間、西郷は藩の変節に憤り激しく抗議した。

薩摩七十七万石の大藩が幕府の威を恐れこんなに弱腰になることが情けなくもあり、藩の国事のために働いた義理もある月照に手のひらを返したような冷たい仕打ちをすることが許せなかった。斉彬が生きていれば、幕府など恐れるはずはなかったと思うと残念であった。また自分自身が近衛家から月照の庇護を頼まれたのに、それができなかったことに非常な責任を感じていた。

時は一八五八年（安政五年）十一月十五日夜（現在の暦では十二月十九日）、船は相当大きく、乗船した者は西郷、月照、月照の従僕重助、付き添いの足軽坂口周右衛門、そして西郷と親交がある築前福岡の志士平野国臣であった。日向にむけ船は夜八時ごろ出船した。一同に酒肴が出され酒宴が始った。船は真っすぐ北に進んでいる。

西郷と月照は期するところがあり、しばらくたって皆が寝静まるのを見計らい船首に出た。船上には船尾で舵を取る船子だけである。しばし船上にいたが、二人は向き合って互いの肩を手で組み合い、船子のすきを見て十二月の真っ暗な冬の海に身を投げ入れた。突然、ドッボンという大きな水音がした。「あっ」と船尾の船子が叫んだ。

水音と叫びを聞いた付き添いの坂口がはね起きて船上に出ると、西郷と月照がいない。「しまった」と坂口は事態を察し、とっさに身近にある船板をはがして海に投げ入れ、二人が飛び込んだ場所の目印とした。船は進んでいる。急いで帆綱を切り船足をとめさせた。船は引き返し、浮いている船板の周辺をぐるぐると探した。夜の海である。なかなか見つからない。だいぶ時間がたったが諦めきれずに捜し続けた。

そうしていると、ゴボッゴボッと水音がして、突然海中から西郷と月照が肩を組み合ったままの姿で浮き上がってきた。「それっ」と急いで二人を船に引き上げたが、ともに呼吸は絶えていた。坂口は船から一番近い沿岸の村に船をつけさせ、住民をたたき起こし、急いで火をおこし体を温めさせ、考えられるかぎりの応急の措置をほどこした。一時間ばかりして若く体力のあった西郷だけがやっと息をふきかえした。しかし、月照はよみがえることはなかった。西郷三十二歳、月照四十五歳であった。

西郷は自分だけ生き残ったことを恥じた。自分のみの自殺ならまだしも月照を道連れにしたあげく自分だけが生き返ったという事実に、耐え切れないほどに苦しみ、もがき、悩んだことであろう。周りの者は再び自殺をしまいかと気をつかい、西郷のまわりから刃物類を知られないように遠ざけたという。

西郷が生き返ったことは、偶然と偶然が重なった奇跡といえる。人間の運命とは、はかり知れないものである。仮に、日本の歴史をプロデュースする「天運」というプロデューサーがいるとしたら、幕末動乱、討幕、維新という大事業を演じきれるのは、西郷という役者以外いないと思い、生かしたのではないかとも思えてくる。しかし、それ自体もシナリオの中に組み込まれているのかも知れない。本当の意味で西郷はすべてを捨て去り、完全に一度死んだ人間であった。

再び生を得たということは西郷自身の再生である。そしてそれは新生西郷の生きる目的を明確にするためであり、またそうさせるために新しい生を得させたのであろう。入水事件は西郷五十年の人生で最大の出来事である。それ以外の出来事、討幕の過程、維新の過程、西南戦争の過程は自らの意志で動くことができたが、入水事件は己の意志とまったく無関係に死の淵から引き戻されたのである。

西郷の言葉にこのようなものがある。「只今生まれたりということを知りて来たのでないから、いつ死ぬということを知りようがない、それぢゃによって生と死という訳がないぞ。さすれば生きてあるものでないから、思慮分別に渉ることがない。そこで生死の二つあるものでないと合点の心が疑わぬものなり」。

確かにただ今生まれてきたということは、誰にも分かるはずがない。三、四歳になり、記憶の中におぼろげに存在していることが分かるぐらいである。そして現在ただ今、いつ死ぬかは分かりようがない。生まれるということ、生きるということ、そして死ぬということに関する西郷の死生観は、ここでは後にまわしたい。一八五八年（安政五年）十一月十五日は、西郷にとってまさに第二の誕生であった。それ以後の西郷は、地球上の人間ではないかのごとく、あるいは他の者とは別種の人格であるかのごとく、一箇の大丈夫として五年後に歴史の舞台に登場してくる。

## 二度島流しにあった

西郷は二度島に流された。一度目は一八五九年（安政六年）一月、現在の鹿児島県大島郡竜郷町である。奄美本島といわれ奄美諸島の中で一番大きく現在の奄美市があるところである。一六〇九年（慶長十四年）年三月までは、奄美諸島（奄美大島、喜界島、徳之島、沖永良部島、与論島）は琉球王国の領国であった。一六〇九年徳川家康の許可を得た薩摩島津氏は三千の軍兵を送り奄美五島の割譲を目的に侵攻した。琉球王尚寧王は降伏し、奄美諸島は薩摩藩の版図になったのである。

奄美五島は、薩摩藩が武力により琉球王国から奪ったものである。奄美五島の面積は千二百三十一平方キロメートルでほぼ沖縄本島の面積に相当する。琉球王国三山対立の時代、一三五九年ごろから沖永良部島・与論島・徳之島が琉球北山王朝に支配されるようになった。琉球王国が統一され中山王朝になった一四四一年ごろには大島が、一四六六年ごろには喜界島が支配され、以降奄美諸島は琉球王国中山王朝の版図に組み込まれていた。奄美五島は明治政府の廃藩置県で鹿児島県となって現在に至っている。

しかしながら、くしくも日本が太平洋戦争によりアメリカに負けたことで、一九四五年（昭和二十年）八月十五日から一九五三年（昭和二十八年）十二月二十五日までの八年間、米軍の施政権下にあり南西諸島群島政府という沖縄県と同じ行政府のもとにあった。一六〇九年から一九四五年八月十五日までは鹿児島県であったが、一九四五年八月から八年間は沖縄県だったのである。当時の奄美の人々にとっては鹿児島が外国であった。奄美では多くの人が沖縄に仕事を求めて行った。私の父が沖縄に行き、琉球税関に勤務したのもこの理由による。

奄美諸島は、気候、文化、風土、言語といい沖縄とほぼ同様である。私の父は一九五一年（昭和二十六年）ごろ、琉球税関の創設にかかわり首里にいたが、「捜査で糸満に行ったときも全く言葉には不自由しなかった」と言っていた。現在でも沖縄と奄美の方言は似ている。鹿児島の市街地、薩摩半島や大隈半島に住む、いわゆる鹿児島の人にとって離島といえば、概念の中では種子島、屋久島までであった。奄美諸島は鹿児島から海上三百八十八キロの距離にあるため、さらに離れた島であり、概念として鹿児島に入ることはなく異国風な別の島、奄美という捉え方が、三、四十年前まではなされていた。

西郷が奄美の竜郷に着いた一八五九年当時そこは全くの異国であり、島民の服装をはじめ目に映るものすべて、話す言葉のすべてが、初めて体験することであり異風に感じた。竜郷に着いた当初、島の住人は警戒してなかなか西郷に近づこうとしなかった。西郷もまた異風な風習になじめず、鹿児島の同志に不平不満を書き送っている。月日がたつにつれ、西郷の篤実な性格、丁寧な言葉遣い、信義ある行動など人柄に触れるにつれ、互いに心を開きあうようになった。

また、村人の子弟に読み書きを教えたり、狩りや漁を村人とともに楽しんだりして、島民の中に深く入り込んでいった。月日がたち、竜郷の有力者である竜佐民の取りはからいで、一族の娘を妻に迎えることになった。西郷はもうこの島に永住しようと思った。そして二人の間に第一子菊次郎が誕生した。

この間、西郷のもとには藩内の同志の活動や幕府、朝廷の動向情勢は同志から伝えられていた。安政の大獄を実行した井伊直弼が一八六〇年（万延元年）年三月三日、江戸城桜田門外で水戸浪士と薩摩藩士により暗殺されたと同志からの書面で知った西郷は、思わず奇声を上げ刀を抜き庭におどりでて、庭にあった桜の立ち木の幹に切りつけたという。

竜郷に来て三年が過ぎよう

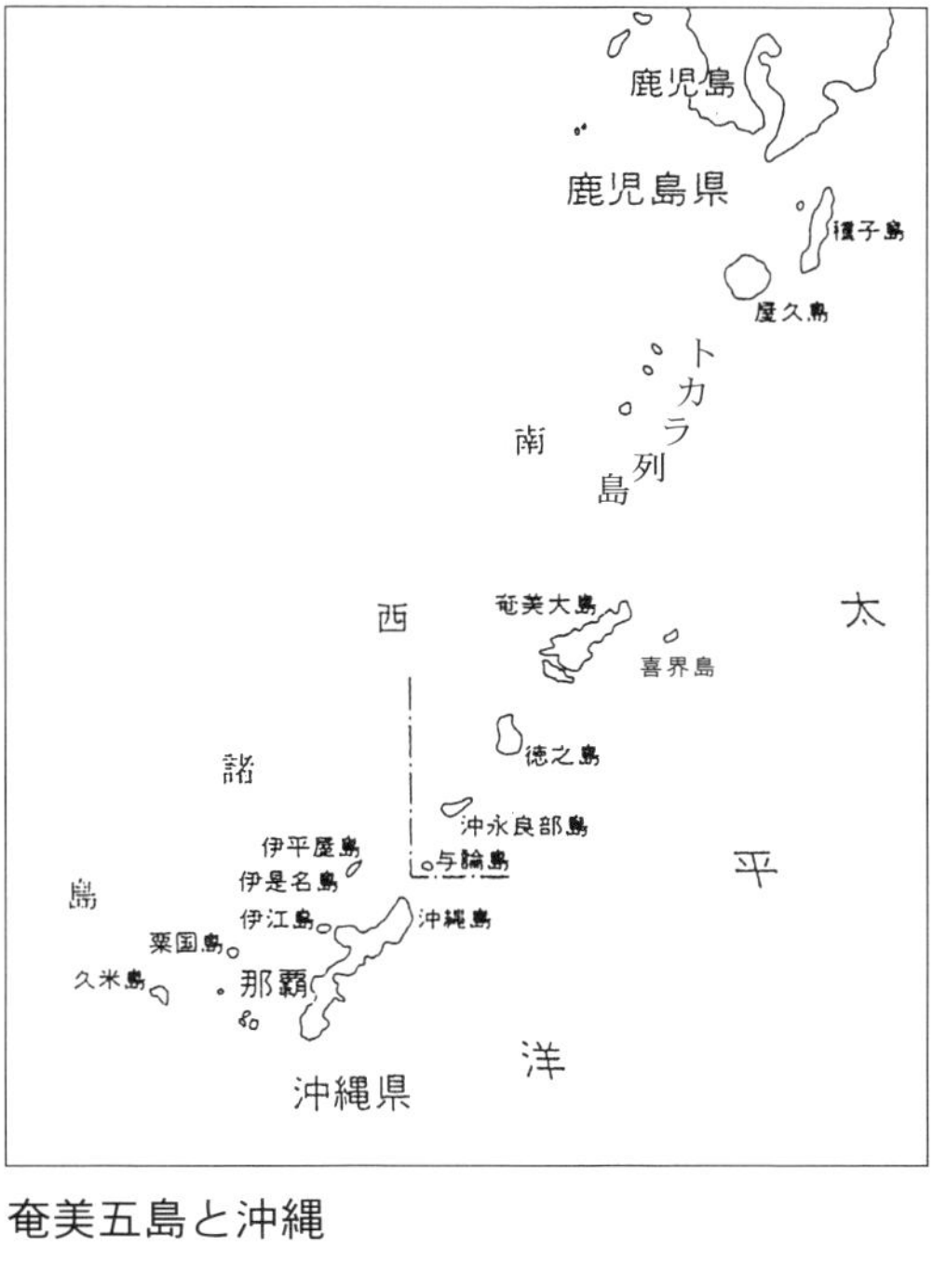

奄美五島と沖縄

としているとき、突然薩摩藩庁から鹿児島召還の命令書が届いた。西郷はそれを承知し、帰る準備のためしばしの期間をもらった。妻子を竜郷に残し、奄美大島に三年間いたということで大島三右衛門と変名し鹿児島に戻った。一八六二年（文久二年）二月のことである。

この時期薩摩藩では、実質的な藩主である島津久光が斉彬の意志を継ぎ幕政に改革を迫るべく、まさに一千人余りの兵を率いて上京の準備の最中であった。一方、京・大阪では兵を率いて久光が上京するとのうわさが立ち、尊王攘夷、討幕の志士浪士は久光の兵に乗じ討幕の兵を挙げるなどと殺気立ち騒然とした状況であった。また、薩摩藩内においても有馬新七ら過激派分子が脱藩突出の危険をはらみ、まさに藩内外において一触即発の情勢であった。これらの局面を打開できるのは、先君斉彬の秘書官として活動し京阪の地の志士浪士に絶大な信頼を得ている西郷以外にはないと、大久保ら首脳が嫌がる久光を説き伏せ、奄美大島召還を承諾させたのである。

西郷は鹿児島に帰りつくと、面会を許され直ちに久光に会った。西郷は久光と対面して、上京出兵は状況判断が甘く、準備不足で時期尚早であると強く直言し公武合体計画の見直しを求めた。久光はせっかくの計画に水をさされ、腹立たしい思いであった。西郷を退席させ、計画は続行とし、西郷には上洛途中の下関での待機を命じた。

西郷は下関に着き京阪の地の情勢を収集していると、過激派志士浪士による挙兵暴発の企てがあるとの知らせを受けた。西郷は直ちに暴発を止めるべく京へ向かった。下関での待機の命令を無視した行動を知った久光は激怒、西郷の捕縛命令を出し鹿児島に送還させた。なお久光の怒りはとけず、徳之島遠島の命が下った。文久二年（一八六二年）六月である。さらに二カ月後、徳之島遠島命令書を見た久光は、これでは西郷の処分は甘いと思い、命令書に「囲い牢入り」と書き加え徳之島より遠い沖永良部島への遠島を命じた（一八六二年八月）。

これが西郷の二度目の島流しである。二度目は罪人としてである。一度目は表向き奄美大島潜居の命令であり罪人ではない。わずかばかりの手当が支給されていたが、帰還する保証はないのであるから、実態としては島流しに似たものであった。

島津久光といえば、当時の薩摩藩においては絶対権力者である。普通であればやっとの思いで鹿児島に帰してもらい、職にまで復してもらえたのであるから、大久保ら同志の行為を無にしないよう、事を荒立てたくとも我慢をするはずである。そこが西郷のおもしろいところであるが、どんな権力者であろうと、どんな尊貴な者であろうと、自ら正しいと信ずることにおいては、何者も恐れず、一身を顧みず行動する。なんで、わざわざそういうことをするのか、江戸時代の封建社会では命がいくつあっても足らないぞ、と多くの人は思うであろう。

## 横暴な代官、役人をこらしめる

奄美大島竜郷に西郷がいるときのことである。薩摩藩の島の代官による年貢の取り立ては実に苛烈であった。奄美では年貢は米でなく黒糖である。奄美諸島は、十五世紀初頭には琉球王国の領国となっていた。一六〇九年奄美諸島を琉球王国から武力で奪い取った薩摩藩は、それぞれの島に代官所を置き、新しい支配体制を強化していった。

奄美史では、琉球王国支配の時代を「那覇世」、薩摩支配の時代を「大和世」といって区分している。琉球王国治世のときと、さまざまな関係を断ち切らせるために、各村々から島民の戸籍や家系図を出させ、これを抹消廃棄した。また藩法で島民は一字名字とするように定めた。現在でも奄美には「元」「栄」「徳」といった一字姓が多いのはこのためである。島民は黒糖を年貢として藩庁に納め、米やそのほかの日用雑貨は藩の特売所で購入しなければならなかった。

奄美諸島は薩摩藩の搾取の対象でしかなく、その取り立ては苛酷を極めていた。島民の生活は、その日その日をしのいでいくのがやっとの状態であり、このような状況が明治になるまで二百五十年以上も続いたのである。このためか、奄美の民謡はもの悲しく、暗く、切々としたものが多い。

あるとき、島民の有力者の家で酒宴があった。西郷も招待され席に列していた。宴もたけなわになったころ、上座にいた代官所の役人の中村なにがしが、酒がまわるにつれくだを巻きだした。暴言をはき難癖をつけ、威嚇、威圧しだした。だんだん手が付けられない状況になってきた。代官所の役人といえば、島民を見下し高慢無礼な者が多い。権限をもっているだけに島民には逆らえない存在であった。

座にいる島民の誰もが自分にあらぬ災いがおよびはしないかと怖がってびくびくしている。西郷は離れた席でこの様子を見ていたが、これは捨ておけぬと憤りを発し、立ち上がって中村なにがしの前に行った。いきなり「その横暴はなにごとかっ！」と大喝し、固めたげんこつで思い切り頭を殴りつけた。中村なにがしは驚き怒ったが、西郷のあまりに激しい怒りと気魄におじけづき、すごすごと席を立って去って行った。このことはすぐ評判になり、高慢無礼な役人をよくぞこらしめたということで村人は涙の出る思いであった。それ以後、中村なにがしは高慢無礼をしなくなったという。

また、西郷が大久保あての手紙に「島中とんと米払底で、大凶年です。砂糖も不出来で百姓共難儀な様子で」云々と書き送った年、年貢の割当額に達しない島民が多かった。役人は自分たちの成績にかかわるとあせり、その島民十数人を呼び出して拘束した。大久保あて同様の手紙に「島に対する藩の政治は言語道断な苛政で、見るに忍びないものがある。北海道の松前氏の蝦夷人に対する政治もひどい由だが、それ以上と思う。最も苦々しいことだ。こんなにひどかろうとは予想もしなかった。驚くべきことである」とある。

西郷は以前からこうした役人のやり方を憤っていた。猛然と立ち上がり、旅支度をして四里余りの道を本役所のある名瀬まで行って時の代官相良角兵衛に面会を求めた。不作の年に普段の年の取り立て基準を果たすことは理に合わないことである。西郷は島民を許して釈放してくれるよう頼んだが、代官は西郷が口を出すべきことではないと職権をたてに突っぱねた。藩主はこの現状を知らないであろうから、自分としては島津家の家臣である以上、報告し改善を求めてもらうため、上申する手段を取る以外ないと西郷は強く言った。西郷は先君斉彬の無二の寵臣でもあり、そこまで話が大きくなっては自分の非を責められかねないと代官は思い、西郷の要求を受け入れ、十三カ所の出張役場に拘束していた島民を釈放した。

## 西郷の思想形成と行動原理は奄美大島で培養された

奄美は当時、西郷が生まれ育った鹿児島や斉彬の秘書官として行動した京、大阪、江戸とも気候・風土・文化・風習・言葉が全く違っていた。そういう意味では外国ともいえた。外界と遮断された「外国」で約五年間生きたことが、他の幕末・維新の英傑とは違った色の人格になったのであろう。一度目の奄美大島竜郷に流されたときは、『孫子』『韓非子』『春秋左氏伝』『通鑑綱目』『近思録』『言志録』を持って行ったことが分かっており、その他の書物も多数持っていったであろう。

西郷の読書の仕方は現代で言えば、大金持ちになりたい人、成功したい人が、ナポレオン・ヒルの書いた成功哲学や、その道の成功者が書いたノウハウ物を読むように、はっきりとした目的を持って読んでいた。西郷の言葉でいえば、誠意を持って聖賢の書を読むことである。ノウハウ物であるから、技術であり、そこに至るまでの方法段階である。自分で覚え、自らをその型に入れ込まなければならない。要は自己流を捨て、成功者の真似をしなければならない。

西郷が目指し、なりたかったものは聖賢である。人生において聖賢の道を行うということである。ゆえに読む本は聖賢になるためのノウハウ書であり、それに類する、あるいはそれに必要と思われる本を選んで集めた。なんと言ってもノウハウ書であるから目的は明確である。

西郷は十八歳から二十七歳ころまで郡方書役を務めていたが、大久保ら数人の仲間と『近思録』の共同研究をしていたときがあった。近思録の中に「聖人、学んで至るべきか。可なり」という文がある。聖賢というものは、学んで到達することができるものであろうか。可能である、できる。その可能性においては、皆聖人になる可能性があると言っている。西郷は若いとき『近思録』のこの文を見て、本気で聖人賢人を目指すため、そして聖賢の書を気合入れて読んだのであろう。大金持ちになりたいためにに、あるいは成功者になりたいがために、ナポレオン・ヒルの成功哲学をバイブルのように読むように、である。

二十一世紀の現代、物質至上主義、拝金主義などが叫ばれ、とにかく金を持ったやつが偉い、金があったらなんでもできる、金が正義であり、金が善であるという考えの風潮になっている。二〇〇八年に格差社会がますます拡大し、後期高齢者医療制度が問題となった。ガソリンが高騰し、自分の金であればこうもいい加減に使わないのに、人の金（税金）はいとも簡単にぞんざいに扱い使うという社会保険庁の年金問題。何が正しくて何が正しくないのか、その判断基準さえ定まらない時代である。まあ、こういう時代だからこそ、目に見える物質に価値基準をおくのであろうが。

西郷の目指す聖賢の道というものは、形としてあらわれる物質のように見えるものではない。幕末という当時でも、ごく一部の人の目標であり、目標とするような人は変人奇人と言われたであろう。ましてや現代では孔子や孟子の生き方をまねるなど、変人奇人の極みである。金持ちにはなれず飯を食って生けるかどうかさえも分からない。まったく馬鹿な生き方だと思われるだろう。西郷という男は、これを本気で行おうとし、目の前に現れる事象によって己を訓練し、一歩一歩と聖賢に近づこうとした人間である。この過程の中に幕末維新、明治があったと考える。

青少年に将来の夢、希望、なりたい職業などのアンケートを取ったら、スポーツ選手、芸能人、公務員、社長、弁護士、医師、看護師、等々いろいろな夢や職業が出てくるだろう。聖人君子になるとか、聖賢の道を志すというのは、今も昔も特殊なジャンルで全くの少数派であろう。西郷はその少数なジャンルを選択したのである。

後年、「島津斉彬ほどの英明な藩主が西郷のどこを気に入って、取り立てたのであろうか」と尋ねられて、西郷は「自分もどこを気に入ってもらったのか見当がつかないが、あるとすれば、何十回も建白書を提出したことぐらいしか思い当たらない」と言っている。何度もせっせと書いた西郷の建白書が、ある目的を持っていた斉彬の目に止まり、西郷は活用すべしと歴史の表舞台に登場させられたのである。これは二〇〇八年のＮＨＫ大河ドラマ『篤姫』と同じパターンである。西郷の持つ特殊な志を斉彬が教育訓練し、政治の世界で後々仕事をやりやすいように有名人にしてしまった。

師であり庇護者であった斉彬が亡きあと、月照との入水事件を経て、この聖賢の志が本物であるか否かが試され、そして検証しなければならないその舞台が、奄美大島であった。本人も意識の中に感じていたことである。奄美大島竜郷は入水事件後の傷心の西郷にとっては天の配材と思えるほど恵まれた環境であった。藩から多少の支給もあり、一人で生活できるぐらいの余裕もあり、村の有力者や島民にも尊敬され親しまれ妻子もでき、心の落ち着く楽しくも心の癒される日々であった。

晴耕雨読を常とし、聖賢の書を読むことや心の鍛錬は怠らなかった。また日々の島民の生活状況や藩の島民に対する治世の善しあしも観察していた。島民の困窮をなんとか救ってやれないものかと思ったろう。果たして何も権限を持たない一介の潜居人の己が、何ができ何ができないかということも真剣に考えたであろう。また、いにしえの聖賢が自分と同じ立場にあったら、どう考えどう行動するであろうかと思いめぐらせたであろう。「義を見てせざるは勇なきなり」という言葉、それに対する己の行動力。『孟子』にある、浩然の気、惻隠《そくいん》の情とは、言葉とそれに伴う己の行動。聖賢の書にある字義を研究し、それを行動に至らせるための心の鍛錬。これらのことを日々の生活の中に取り入れた三年間の島での生活であった。

二度目の島流しは罪人としてであり、運命に自決を迫られているのではないかと思うほど苛酷であった。最初の遠島命令書には奄美大島より先にある徳之島と指示されており、そのほかの指示はなかった。徳之島に着いて二カ月半が過ぎ生活も落ち着きかけたころ、西郷の妻が子供二人を連れて奄美大島の竜郷から便船に乗って会いにきた。西郷が鹿児島に召還されたときはまだ生まれてなかった子供も伴っていた。

妻子が徳之島に着いた日に、くしくもその同じ船で鹿児島からさらに遠くの島である沖永良部島への遠島命令書が徳之島の代官所に届けられていたという。今度の命令書には「囲い入り」と指示されており、妻子と再び会うこともかなわないまま独り船の中にある囲い牢に入り、沖永良部島へ向けて出船した。

沖永良部遠島は切腹につぐ重罪であった。着いたとき、囲い牢はまだ出来上がっていなかったので船の中で二日待った。牢の広さは二坪ほどで、床と天井があるだけ。四方は牢格子で囲ってあり、メジロを入れる竹で作った鳥かごを巨大にしたようなものである。それが代官所の近くの空き地にすえられていた。四方に壁がないのであるから風雨は容赦なく入り、野ざらしの状態であった。

西郷は三度の食事のほかは水も湯も求めず、起きているかぎりは昼夜端然として坐って読書したり瞑想したりしていたと伝えられている。このとき読んだ書は、『韓非子』『近思録』『言志録』『通鑑網目』『嚶鳴館遺草』などであったと伝記では伝えられている。昼夜を問わず風が吹き抜け雨は中まで打ち込み、ハエ、蚊、虫も入り放題の過酷な環境の中で何を思い何を考えていたのであろうか。

普通であれば絶望感に支配され、運命を呪い気を狂わせたくなる。人が見ていようと見ていまいとかまわなくなり、寝そべったりわめいたりする。自堕落になり無気力となり、ついには食うのと寝るだけの動物のようになるであろう。西郷は己に死をせまるような運命と対峙し、逆にこれは絶好の修行の場であると思い、己の運命と対決しようとしていた。

吉田松陰の言葉に「境、順なる者は怠り易く、境、逆なる者は励み易し」とある。まさしく西郷のおかれている環境はきわめて逆境である。もともと人間は、なまけもので、いい加減で、横着である。自己の生命の維持を第一に考え、自分にとって損か得か、自分にとって都合が好いか悪いかなど、自分の損得好悪を行動・判断の基準の第一に置く動物である。それは当然のことと言えば当然のことではあるが、いやしくも西郷のように聖賢の道を志すものならば、贅肉を落とすごとく、これらの人間のもつ動物的なものを少しは削ぎ落とさねば聖賢の道へは入れない。

西郷の持参した『言志録』の中に「慎独の工夫は、當《まさ》に身稠人広座《ちょうじんこうざ》の中に在《あ》るがごとく一般なるべし（人のいない所でも身を慎んでいく修養工夫は、自身が大人数の集まりの中にいるのと同じような気持ちでいなければならない）」とある。囲い牢はまさしく閑居であり慎独の場所である。西郷も『言志録』のこの項目を見て、そう思いそう行動すべきと思ったであろう。読むべき本を噛むようにして何回も何回も読んだのであろう。自己との戦いであり運命との戦いであった。日が経つにつれ西郷の髪と髭は伸び放題となり、頬はこけ、痩せ細っていった。

獄舎の番人として西郷に接し、その行動を見ていた島役人である土持政照（島民としては最高の役である与人《村長》と間切横目《郷中監察役》は、「このままでは西郷が衰弱して死んでしまう」と代官に救済の手はないものかと申し入れた。代官は「遠島命令書のとおりであれば、いたしかたがない」とつっぱねた。土持政照は西郷が先君斉彬の寵臣であり、国事のために働いていたことやそして遠島になった経緯も知っている。西郷と日々接するうちに西郷の人柄や人間的魅力にふれて尊敬するようになっていた。

そこで何としてでも助けてやりたいという思いに至り、もう一度代官に頼み遠島命令書を見せてもらった。厳重なる囲いとだけあってほかの指示はされていない。そうであるなら、屋根や壁のある家の中であっても、厳重に牢格子で囲った「囲い牢」にすれば問題ないと考えた。土持政照は自分の私財で西郷の住める家を造り、その中に囲い牢を設けて厳重に管理するという条件で代官に申し出、代官の許しを得た。これによって、土持政照が新築した数室ある家に西郷は移り健康を回復した。なんといっても家の中である。また西郷を慕う土持政照が管理者である。ある程度の自由はできたであろう。

吉田松陰の『講孟余話』、尽心下篇六章に「余野山獄にありて三宅尚斉（一六六二年―一七四一年、山崎闇斎に学んだ崎門三傑の一人。忍藩阿部正武父子に仕えたが、直言して怒りにふれ三年間幽閉された）の伝を読み、その獄中の詩を見て大いに感じ座右に貼し坐臥これを見る」とある。それは「富貴寿夭《じゅよう》心を二つにせず、ただ面前に向ひて誠心を養ふ。四十餘《よ》年何事をか学びし、笑ひて獄中に坐す鉄石の心」（寿夭＝長寿と夭折、長生きと若死に）という詩である。この三宅尚斉の詩を西郷もまた牢壁に書して日夕吟誦《ぎんしょう》したという。

野山獄とは、吉田松陰が一八五三年（嘉永六年）下田密航に失敗し、その罪で一八五四年（安政元年）から一八五六年（安政三年）まで閉じ込められていた萩（長州藩）の牢舎のことである。ほぼ同じ時期に一面識もない二人が奇しくも獄中で同じ詩によって励まされていた。西郷が移った新しい牢は屋根や雨戸のある家ではあったが一歩も囲いの外へは出られない。西郷はこの環境を俗事にわずらわされることなく余念なく学問一筋にできるので、かえって好都合なことであると、とらえた。

月照との入水事件で自分だけが生きたこと、奄美大島竜郷でのこと、徳之島でのこと、沖永良部島で野ざらしの囲い牢で死の淵にいたこと、土持政照に命を救われたこと、そして現在新しい家の牢にいること、さまざまな事象の変化はあった。これらの一つひとつの出来事は、天は自分に対し何を暗示したくて存在させたのか。その天意を知ることはできないのか。天意を知ることができれば、それに従うことができる。

天意を知るために現在ある環境を全て認め、そして誠意をもって眼前の変化するあらゆる事象に対応しようと西郷は全力を尽くした。そこに私心を入れない訓練をすることが、天意を知り得る方法であると思った。

## 弱い者には弱く強い者には強く

普通の人は弱い者には強く、強い者には弱い。人類の長い歴史の中でも、これは当たり前である。現代の国際関係においても我が国内でも、政治・経済・個人レベルにおいても当然であり、口では言わないが常識である。

西郷の考え方は多少違う。弱い者、弱い立場にある者はもともとその立場にあるのだから、弱い人には弱く当たってもいいじゃないか。弱い人に弱くすると、つけ上がったり調子にのったりするだけで、かえってよくないと言う人もいるだろう。西郷は「それでもいいじゃないか。そういうのを許せる、気にかけることもないほどに、自分の心の大きさを持て」と言うだろう。

逆に強い者、強い立場にある者は、ただでさえその立場にあるのだから、親が幼い子供にやさしくし慈しむようにすべきである。強い者には強く接することにより、強者のもつ傲慢さや横暴さを自覚させ是正することができる。また西郷は、強い者や強い立場にある者が権力・権威をかさに着て理不尽なことをしたり、横暴・悪政・不正義を弱者に行ったりすることを許すことができない気性を持っていた。奄美大島竜郷での代官や役人中村なにがしに対する西郷の行動はその例である。

弱い者は自分より弱い者に強く接する。強く接せられたその者はさらに自分より弱い者に強く接する。さらに弱い者、さらに弱い者へと進んでいく。人類の歴史の中で起きた反乱・暴動・一揆・革命といったものは、強者に抑圧された弱者のストレスの暴発と言えなくもない。最近の幼児や子供への親による虐待は、反撃する手段を何も持たない幼児子供という絶対的弱者に対する親という絶対的強者の暴政・悪政・虐殺とも言える。このところ事件として取り上げられている、通行人に対する通り魔事件や女性に対する暴力・暴行事件も、犯人の牙が明らかに弱者に対して向けられる事件である。

大体、強者に立ち向かって行くことはできるものではない。反撃され自分の身に危険がおよぶ。ライオンでも象は襲わない。わが身は安全なところにおいて明らかな弱者に対して牙を向ける。そして弱者は、さらなる弱者へ牙を向ける。動物の世界ではこの連鎖は当然であるが、人間の社会でこの連鎖はあってはならない。西郷は別の仕組みは何かと考えたであろう。そのためにはわが身をもって実験し検証する以外ないと思ったことであろう。それは西郷が目指す聖賢の道を実践することであったにちがいない。

# 自分と他人を比較しない生き方

人間は自分以外の人間を区別して生きている。そして自分と他人を比較する相対の中で生きている。頭が良い悪い、背が高い低い、顔が良い悪い、金持ちである貧乏である、地位があるない、出世した出世しない、とか。比較されっぱなしの相対の中で子供のときから生かされている。

子供のときでもクラスの金持ちの家に遊びに行くと、素直に「いいなぁ」と思い、無理でも友達になりたがったものである。クラス一番の勉強ができる子と友達になったら、友達になれたことが自慢であり、自分も頭がよくなった気分になったものである。生まれた環境は何も子供のせいではないが、ついつい自分の環境と比較してしまう。また、子供心にも勉強ができない子は頭が悪いと思い馬鹿にしてしまう。男子の場合も喧嘩が強い弱いで支配者と非支配者の関係がその場で出来てしまう。子も親も家庭も物質的比較の中で生活している。

坂本竜馬は少年期のころ、泣き虫で鼻をたれ、寝小便が治らなかったうえ、勉強もできなかった(これは成長過程の個人差によるが)。朋輩から馬鹿にされ、頭が悪いということが劣等感になり、幕末動乱期に海援隊を組織し薩長同盟を締結させ「風雲の中で天を駆ける」と言われたときでも、その劣等感は抜けなかったという。人間は環境に左右される動物である。頭が悪いといったん張られたレッテルはなかなかはがしにくい。当たり前といえば当たり前のことであるが、人間はどうしても外見の目に見える物質の優劣で人を評価する。また評価される。

ビジネス成功者であるとか、セレブであるとか、高学歴であるとかいった目に見えるもの、あるいは評価がしやすい話題に目がついつい向いてしまう。人生の目的目標も、そうであるように思えてくる。西郷は、そうではなく人間が本来目指すべき一生の目的は、自分自身を「人として成長させること」そこにあると考えた。

地位を得るということや、金持ちになるということは目的ではなく「人として成長させる」ための手段・目標（仕事）でなければならないと考えた。人間の一生の仕事とは「自分自身をよりよくすること」であり、職業（政治家・教師・公務員・ビジネスマン・その他多くの職業）はあくまでも自分自身を成長させるための手段として考えるべきである。多くの人々が望み選択する職業は千差万別多種多様であるが、どの職業に就いてもそれは人間本来の目的を達成させるための「もの」であると考えた。

西郷のようにこう考えたら、他人と自分を比較する必要もなくなる。残された課題は、自分自身が一生の間、どれだけ自分自身を成長させ得るかである。すべては自分自身のことであり自分自身の責任でなされる。西郷は郡方書役として青年時代の十年間奉行の下に仕えていたときも、斉彬の秘書官であったときも、薩摩藩の指導者として討幕で行動していたときも、明治になり参議・陸軍大将の職にあったときも、西郷は人生の目的と職業を区別していた。

# 権謀術数は使わない

勝海舟は人に「人生の処世術は何か」と問われ、「ただ誠心誠意あるのみ」と答えている。「馬鹿な、誠心誠意などという言葉は現代では死語に等しい」とか「仮に、こちらが誠心誠意であったとしても相手にそれが伝わるか疑問である」とか「そんなことをしたら自分の足元をすくわれて損するばかりだ」という声もあるであろう。

人は皆、自分が幸せで楽しい人生を送れることを第一番に考えている。それは、とりもなおさず自分以外の他人も同様に一番重要であると考えていることでもある。それゆえに各個々人が第一番に大切であるとする部分が、互いにぶつかったり、重なり合ったり、せめぎ合ったりしている現実がある。

そして幸であるとか不幸であるとかいう場合の判断基準は、自分自身であり、自分自身にとって幸なのか不幸なのかだけである。自身に害や損を与えるものは不幸であり、反対に利や得を与えるものは幸と判断される。「幸せになりたい」というのは、多くの場合自分に幸せが来ることであり、他人に幸せが行くことではない。また人は「幸せ」がよりいっそう拡大し、なおかつ継続してくれることを切に願っている。

一方人々は国や地方公共団体、あるいは企業会社といった何百万という大小多種多様な組織に属して生活している。その組織の中でも同僚、上司、部下などさまざまな人とのかかわりで生きている。処世術と言えば、世渡り上手という言葉がある。個々人のもつ「幸せになりたい」という欲望が渦巻く人生の荒波を智恵と才覚で乗り切るということである。反対に世渡り下手というのもある。すぐ思い出すのは、赤穂浪士に出てくる浅野内匠頭《たくみのかみ》は世渡り下手であろう。西郷も明治国家に反旗を翻し反乱軍の大将となり、賊軍として敗れたのであるから世渡り下手と言えなくもない。

権謀術数とは「巧みに人を欺くはかりごと」と『広辞苑』にある。自分の計画や目的を達成しようとするとき、その障害となるものを権謀術数を用いて取り除こうとする。

ある意味権謀術の数であるから、その例は一口では言えないほど多種多様である。

また巧妙かつ高等で結果が何年も表に現れないものさえある。『史記』にはいくつもの例が述べられている。マキァベリや韓非子は一つの学問としてとらえるほどである。

権謀術数とは、とどのつまり、自分を利するために他人を利用活用するためのものである。組織の中に権限と権力とが発生してくると、その組織の大小を問わず権力を得ようとして権謀術数らしきものが現れてくる。政界、財界、大小の派閥、組織のトップの座をめぐる権力闘争は今も昔も変わりなく、普通に繰り返されている。また権力を得るためばかりでなく、個人レベルでも、自分の身を守るためや自己の目的達成の手段として権謀術数は使われている。

しかしながら権謀術数は、自分よりレベルの高い人には使えないという面もある。織田信長に権謀術数は誰も使えない。すぐ見抜かれ首をはねられるのがおちである。西郷は権謀術数を用いなかった。また使おうとしなかった。そのときはうまくいったように見えるが、後で綻《ほころ》びが生じてくると言っている。権謀術数というものは、自分の心の内で考えていることは、相手に見えるはずがない、自身もまた相手が心の内で考えていることは見えないという前提の上で成り立っている。お互い相手の考えていることがテレビ画面に映し出されるように百％見えたら、権謀術数はできない。見えないゆえに、人の特性（好き嫌い、長所短所、思考、人生の目的など）を将棋の駒の金・銀・飛車・角に見立てて、自己を利するために駒を動かすように人を動かすのである。生死損得を度外においた人には権謀術数は通じないであろう。もちろん仕末に困る人には権謀術数は通用しない。通用しないから仕末に困るのである。

## 子供に財産は残さない

西郷の有名な言葉に「児孫のために美田を買わず」という言葉がある。私は子や孫のために財産を求めて、そしてそれを子孫に残すことはありません。あなたがもし私の行動を見て、「なんだ、西郷さんは美田を買わずなどと言っているけど、口先だけで実際は子供のために財産を残しているではないか」と判断したら、西郷は実につまらない男だと見限ってかまわない、と述べている。

親であれば我が子のため財産の一つ二つは残したいと思う。子供が人生を苦しむことなく、生活が保証されるだけの財産があればと思う。親が子に財産を残そうとする行為は、子を思う親の気持ちである。子や孫のためだと思うと働きがいもあり、楽しくもあり、残せるという自身の達成感もあるであろう。

しかしながら親の心、子知らずというのか、親が残した財産をめぐって兄弟、親子間のトラブルは枚挙にいとまがないほど実に多い。人間は動物である。「めし」を食っていかないと三日と生きていけない動物である。「食べる」ことの安定供給を確保することは、生きていく最低の条件である。親の残した財産は苦労しないで得られる「食べること」の保証である。分け前をめぐる兄弟の戦い、憎しみと憎悪むき出しのまさに動物同士の戦いである。

西郷が青年時代まだ郡方書役のころ、薩摩藩で藩主の座をめぐり兄斉彬派と弟久光派の間に、すさまじい怨念の争い「お由良騒動」があった。この事件は、薩摩藩主十代斉興が家督を世子斉彬ではなく弟久光に相続させようと思ったことに端を発した。

幕府の老中や他の諸侯とも親交があり英明さは当代一と評される斉彬が藩主になると、やっと立て直したばかりの藩の財政が再び逼迫することを恐れた斉興は、斉彬が四十歳を過ぎてもなかなか家督を譲らなかった。この間久光の生母である由良は「後継者に久光を」と思い活動した。これにより、世子斉彬派と久光派に分かれ対立はエスカレート、双方による調伏・呪殺・毒害などの陰謀が企てられた。さらに実力による他派排撃が画策され、ついに久光派により斉彬派の主だった者、十四人が切腹、九人が遠島という悲惨な結果に至った。この事件のとき、西郷家と関係があり斉彬派の中心人物であった物頭役赤山靭負《ゆきえ》は、着ている肌着を西郷の形見とするように言い残して切腹したという。

私の父もわずかばかりの土地をめぐり兄弟と争った。自分の手で獲得した財産であれば争いはないが、親からの相続となると、全国至るところで争い合っている。何も庶民ばかりではない。ヨーロッパの王家・王族、中国の歴代王朝、その他の国々の戦争は国と国との奪い合いである。人類の歴史は地上の誰のものでもない土地の争奪戦であると言ってもよい。二〇〇八年の現代では、石油や天然ガスといった資源が争奪の材料になっている。太平洋戦争ももとはといえば、石油を日本が確保するための資源戦争であった。大航海時代のヨーロッパ、帝国主義時代のヨーロッパは世界中の弱い国や民族から土地や物を奪い取った歴史である。

西郷は中国の古典や経書を研究していたから、人間の際限のない欲望がいかに人を不幸にするかを知っていた。また、欲を少なくすることが人と人とのかかわりの中でいかに大切かも知っていた。「美田を買わず」と言葉にしたのは、聖賢の道を行く西郷にとっては当然のことであるが、維新後に成立した新政府の状況も関係していただろう。新政府の要員はほとんどが討幕に参じた薩長土肥の下級武士であった。彼らは政府の高官となり、大名屋敷に住み利財に走った。これを見て西郷は情けなく思い、また苦々しい気持ちだったはずだ。維新第一の功労者である自分が質素に振る舞うことで彼らに反省を促す意もあり、あえて「私は美田を買わない」と口にしたのではないかと思われる。

現代の日本においても、国会議員も地方議員も二世三世議員が多い。政治家という職業は一つの財産のようにみなされ、子孫に譲りたいもの譲るものとなっている。

討幕という大目的のために、王政復古という大義のために、そしてなによりも欧米列強の侵食から日本を守るためには、徳川幕府に代わる新しい政府を樹立しなければならなかった。そして多くの犠牲を払い、一つの目的のために私心を捨てた義の戦いではなかったのか。それが成立して間もないよちよち歩きの明治国家であるのに、義戦の思いを忘れ、皆一様に目先の欲にとらわれ猟官や蓄財に奔走している。

このようなことでは、多くの将兵の血を流した戊辰戦争は単なる私利私欲のための戦いであったことになる。それでは犠牲になった将兵に申し訳がたたない。これでは単に薩長が徳川幕府に代わっただけのことである。実際、西郷の次弟吉次郎はこの戦いで戦死している。西郷は吉次郎の死を悲しみ申し訳なく思った。

西郷が斉彬に見い出され国事に奔走することになったため、西郷は家のことをほとんど顧みることができなかった。おまけに二度の島流しである。両親が早く亡くなったため、残った弟妹の面倒から家事一切を次弟吉次郎が取り仕切った。自分が国事に奔走できるのも吉次郎のおかげであると感謝し、また申し訳なく思った。ある日、吉次郎に向かって「自分は西郷家のことは何もできず、弟の吉次郎に頼りっぱなしになっている。自分が弟で吉次郎が兄のようなものだ。今日からは西郷家の長男になってくれ」と言ったという。

吉次郎は家内（西郷家）のこともひと段落したということで自分も国のために働きたいと、官軍に加わり東北地方を転戦していた。大総督府参謀西郷の実弟であれば、それなりに優遇され危険の多い前戦にわざわざ行くことはなかったと思われるが、しかし一小隊長としての戦死であった。

それが兄吉之助や西郷家にある「サムライの気風」であったかも知れない。

## 討幕という仕事

西郷は、私費を投じ新しい牢舎を造って死の淵から救ってくれた土持政照のありあまる好意と親切に深い恩義を感じ、「兄弟の契りを結んでほしい」と申し出て兄弟の縁を結んだ。

沖永良部島での牢舎の生活は一年八カ月余りになっていた。元治元年(一八六四年)二月二十二日、突然弟信悟と親友の吉井幸輔が召還状を携え藩の蒸気船胡蝶丸で迎えに来た。この思いがけない召還は、柴山龍五郎ら十数人の有志の藩士が久光の前で一同うち揃《そろ》って切腹する覚悟で西郷の赦免を嘆願したことによるものである。時勢は西郷を必要とし、歴史の舞台に引き戻そうとしていた。

島を去る時、西郷は義弟土持政照に島津斉彬から拝領した羽織をプレゼントしようとした。嬉しさのあまりあわてていたのか、自分の小脇に抱えているのに気付かずに、あちらこちら羽織を探したという。帰途奄美大島へ寄り妻子と会い、さらに同じ罪で遠島になったのだからという理由で、大島のすぐ近くにある喜界島に立ち寄り、まだ赦免されていない村田新八を一緒に鹿児島に連れ帰った。

西郷の性格なのであろうか、自分のことよりついつい人のことを考えてしまう。常識であれば、まだ罪も許されていない村田新八を無断でわざわざ連れ帰ることなどしない。自分自身がやっと赦免され帰れるとき、新たに罪を得るような行為は普通の人は損得を考えて決してしない。

これにより西郷は再び幕末動乱の歴史の表舞台に登場し、討幕という目的のため、その仕事を完成させようと一心不乱に突き進んで行く。西郷は三月中旬、京都に到着し軍賦役（軍司令官）に任命される。それから先、江戸城の無血開城までは、多くの人が知っていることなので西郷が成し遂げた仕事を事例として列挙してみたい。

一、一八六四年（元治元年）　禁門の変起こる。薩摩藩兵を率い長州軍と戦う。このとき銃弾で脚を負傷する。

二、同年九月　勝海舟と会う

三、同年十月　第一次長州征伐が行われる。征長軍総督・徳川慶勝より長州処分の一任をとりつけ広島に出向き、長州藩首脳と会い寛大な処分とする

四、一八六五年六月（慶応元年）　坂本竜馬と会う

五、一八六六年一月（慶応二年）　長州藩士・桂小五郎と会い薩長同盟を結ぶ

六、イギリス公使パークスと会談する

七、イギリス公使通訳アーネスト・サトウと会談する（アーネスト・サトウは日本

語を話し、候文も漢字も書けた）

八、一八六七年六月（慶応三年）　後藤象二郎・坂本竜馬・中岡慎太郎らと会談し薩摩・土佐両藩が盟約を結ぶ

九、一八六七年十二月　王政復古令が宣言される。小御所会議

十、一八六八年一月（慶応四年）　鳥羽・伏見の戦

十一、同年二月　東征軍大総督参謀として東征する

十二、山岡鉄舟と駿府で会う

十三、勝海舟との会談による江戸城無血開城

この中にあえてパークスやアーネスト・サトウとの会談も仕事として入れた。大久保、岩倉、木戸のように明治政府になって欧米に外遊した経験もないということで、西郷は外国の事情も理解しない古い体制の人間であるかのごとく評されることが多いからである。私はそうではないと思う。西郷は本質を見抜くことができた。

イギリス・フランス・アメリカといった欧米列強が、帝国主義の時代の中で何をねらいとして日本に接してきているのかという本質を西郷は見抜いていた。フランスが

幕府に肩入れする目的は何か、イギリス・フランス・アメリカなどのそれぞれの勢力関係はどうなっているか。それぞれの国の国内事情をはじめ、さまざまな情報を仕入れ、それにもとづいて欧米列強に侵食されずに幕府を倒し新国家を成立させるという微妙な舵取りを西郷はした。

島津斉彬は琉球を通して、いち早く欧米列強の帝国主義の波が日本に押し寄せて来るということを知っていたであろう。そのことを西郷にも教え、またそれに対して日本がどう対処すべきかを教えていたはずである。西郷は勝海舟からアメリカの情報も聞いたであろう。フランスが幕府に何を目的として援助しているのか、実態はどのようであるか聞いたであろう。イギリス公使パークスやアーネスト・サトウとも会い、さまざまな情報を収集し日本の進むべき道を考えたはずである。日本の国土が欧米列強の植民地にならず、一坪の土地さえ租借されなかったのは、隙あらばと虎視眈々と狙っている欧米列強の中で西郷が見事な舵取りをしたおかげと言ってよい。

大久保も岩倉も京にいて宮廷政治に集中し、全方位に目を配れなかった。討幕も大事であるが、欧米列強に侵食されずに討幕を果たし、スムーズに新政府に移行させるための戦略戦術をもって全体を見ることができて、なおかつ要所要所を押さえていったのは、独り西郷のみであったといってもよい。

## 命もいらず、名もいらず、官位も金もいらぬ人

「命もいらず、名もいらず、官位も金もいらぬ人は仕末に困るもの也」とは西郷の言葉である。一体西郷はこの言葉をどういう考えで、どういう思いで発したのであろうか。

この言葉は、西郷の中でもとりわけ有名であったため、言葉の受け取り方は、受け取る人のレベル（力量）によってさまざまであった。戦前はテロリストや右翼に信奉されたともいう。「命もいらず」とはどういうことであろうか。命は人間にとって一番

大切なものである。現在ただ今生きている存在そのものである。命もいらないということは自己の存在を一切の無にすることで、人間が一番怖れかつやりたくないことである。

西郷は、月照との入水自殺で自分独り生を得たこと、沖永良部島で野ざらしの囲い牢で死ぬところであったのを土持政照の尽力で再び生を得たこと。これらのことから、人間の生とはどういうもので、死とはどういうものであろうか、そして生きるとは何か、さらに人間の生きる目的とは何かなど、人間の生と死について牢舎の中で考えに考え、思いに思い真剣に思索を繰り返した。

命は人間が一番失いたくないものであり、また一番失うのを怖れるものである。西郷は二度、自分の意志とは全く関係なく生を得た。果たして誰がこの命を与えたり失わせたりしているのであろうか。二度生を得たことは偶然であったのであろうか。斉彬の突然の死と月照の死、孔子、孟子、朱子といった聖賢は人間の生と死をどのようにとらえていたのであろうか。人は一分一秒でも長く生きたい。この「生きたい、生を惜しむ」ということがとりもなおさず人間にとって最大の欲ではないかと西郷は思った。一番失うことを怖れるものであれば、一番維持したい欲となるわけである。

名（名誉や名望）と官位や金は人間だれしも求めるものであるので欲であるということはわかる。しかし、命と引き換えにできるほどの欲ではない。西郷は「命」というものを人間が求める最大の欲であると言っている。命という欲を名や官位や金と同様の人間の欲ととらえ、その中で最大なものを命とした。それさえも欲しないということである。命が惜しい、一分一秒でも長生きしたいという人間の生存に直結する最大の欲望をなんとかコントロールすることはできないだろうか。人間がこの欲をコントロールできなければ、弱肉強食の動物となんら変わらないのではないのだろうか。

郡方書役として農政の職場で見た藩の圧政にあえぐ農民、奄美大島で見た苛酷なまでの島民からの搾取。顔形は人間であっても、動物の弱肉強食と同じことをしているのではないだろうか。人類は有史以来国の興亡を繰り返し、二〇〇八年の現在でも戦争は起こっている。西郷は欲を少なくするという言葉をよく使っている。人間の最大の欲である生存の欲を少しばかり少なくすることが人間と人間の関係をよくする方法だと言っている。なにもこれは生きる活力を少なくせよと言っているのではない。腹一杯食べるのではなく、腹七、八分にして、少しは欲を抑えよと言っているのである。

そして「命もいらず名もいらず、官位も金もいらぬ人は仕末に困るもの也、この仕末に困る人ならでは、困難をともにして国家の大業はなし得られぬもの也」と西郷は言う。国家の命運を左右するほどの大事業を行う場合は、何百万人、何千万人という国民の生活や生命を左右することなのである。それをなす者、たとえば政治家は一番の欲である命をいらぬというほどの覚悟でやるべきであり、その覚悟がなければやってはいけない。またその覚悟を持った人たちで行うものでなければ、成し遂げられるものではないと西郷は言っている。

果たして日本にこれだけの覚悟をもって政治をしている政治家がいるであろうか。大臣病や派閥のための政治、政党のための政治など、自分自身の都合が大分あるのではないだろうか。

## 志を得れば民とこれに由《よ》り、志を得ざれば独りその道を行ふ

この言葉は西郷の出処進退を表している。明治政府になってもこのスタンスでいたので、「西郷は何を考えているんだ」と周りに理解されなかった。西郷の経歴を見ればわかることである。西郷が藩主斉彬の秘書官として政治の表舞台で活躍したのは、西郷が出世したいとか、有名になりたいとか思い願ってのことでは全くない。たまたま斉彬に見い出された結果である。奄美大島と沖永良部島に流され召還されたことも、自ら望んでできるわけもなく大久保ら誠忠組の面々が西郷を必要としたためであろうが、必要とさせたのは時代の情勢や流れや気運というものであった。

自分の出処進退は自分自身で、あれこれなるものではない。権力や官位や金や名誉のために出処進退の基準を置くのではなく、国民（民、民衆）の求めに応じて行動す

ることである。国民が自分を必要としたら、国民と一緒に国民のための仕事をすればよいのである。国民に必要とされなければ、一国民として自分自身を磨くため聖賢の道を独りひたすら行うだけである。

現代の世界や日本の政治家で西郷のような人がいるだろうか。いない、だから西郷は一般には理解されにくいのである。

## 求道者

「命もいらず、名もいらず、官位も金もいらぬ人は仕末に困る人也」と西郷は言ったが、西郷自身も仕末に困る人を目指し、そして仕末に困る人でもあった。求道者としてよく名前が出るのは宮本武蔵である。武蔵の書いた『五輪書』『兵法三十五ヶ条』『独行道』を見ると、よく一人の人間がここまでやれるのかと凄まじさを感じ、その徹底した行動にあこがれる。武蔵が死の七日前に記した自戒の書である『独行道十九ヶ条』は次のとおりである。

一、世々の道に背《そむ》くことなし
二、よろず依怙《えこ》の心なし
三、身に楽をたくまず
四、一生のあいだ欲心なし
五、われ事において後悔せず
六、善悪につき他を妬《ねた》まず
七、いずれの道にも別れを悲しまず
八、自他ともに恨みかこつ心なし
九、われに恋慕の思いなし
十、物事に数奇好みなし
十一、居宅に望みなし
十二、身一つに美食を好まず

十三、わが身にとり物を忌むことなし
十四、古き道具を所持せず
十五、兵具は格別、余の道具は嗜《たしな》まず
十六、道に当たりて死を厭《いと》わず
十七、老後の財宝所領に心なし
十八、神仏を尊み神仏を頼まず
十九、心つねに兵法の道を離れず

必ず勝負に勝って生き残るためには、あえて生きるという欲に付随するものを逆に少なくするかなくせと、これらの文は言っているように思える。武蔵は六十余りの真剣の戦いで勝ち続けた。生死を分ける真剣勝負で勝って生を得るためには、普段から生きるという生存欲がわがまま勝手にならないように死を常に身近に置いてコントロールし、生に執着せずいつでも生を手放せるようにしておくことだと言っている。

武蔵の独行道を現代の若者が見ると、うまい物は食わない、家は住めさえすれば良い、いい家には住みたくない、スポーツ・レジャーといった遊びや楽しみは持たない、そのうえ恋愛や彼女も必要としないことになる。となると阿呆か馬鹿か全くの変人奇人に思えるだろう。その武蔵の生き方が吉川英治の小説として多くの人に読まれるようになり、武蔵を題材とした文芸評論も数多く出ている。戦前は戦艦の名称に武蔵があったり、また二〇〇三年にはＮＨＫ大河ドラマで『武蔵～ＭＵＳＡＳＨＩ～』が放映されたりした。このように日本人の心の中にあって、宮本武蔵は不敗ということや強さということの代名詞となっている。『五輪書』は名著といわれ、影響を受けた読者は多い。

武蔵は刀という道具を通して自分のこと、世間のこと、自分以外の人間のこと、天地自然や宇宙の理《ことわり》を極めようとしていた。同様に西郷も人間がどこまで人としての高みに至ることができるものかという聖賢の道を極めようとした。

西郷は政治家であれば政治家の役目として、武将であれば武将の役目として、無役であれば無役の立場で、自分が現在いる位置で聖賢の道を歩もうとした。西郷は現代の若者にこう言うであろう。「フリーターであろうと、アルバイトであろうと問題ではない。大きな志を持って目前の仕事、与えられたものに不平不満を言わず、周りの人がびっくりするほど一所懸命やることだ。志のない人はなおさら目前の仕事を一心不乱に成し遂げることである。そうすれば志や目標もおのずと現れてくる」と。

私は若者が志を持ち強くたくましくあってほしいと思う。新しい時代をつくっていくのは常に若者である。人材を得るか否かでその国の興亡が決まるとも言われている。若者が多種多様な志を持ち、それを社会に具現化する。若者が自由闊達にして元気があり強くたくましければ、国が元気になり未来が明るくなる。人間は生まれてしまった以上、生きていくしかない。死ぬことだけがはっきりとしているのである。自分が生きたいように生きるのであろうが、一人ひとりがそれぞれ生きたい道の求道者になることもおもしろいと思う。西郷は自己をして一箇の大丈夫たらしめようとした。

# 第二章　信長と西郷

# 日本史の東西の「横綱」は信長と西郷

日本史に出てくる人物の中で「東の横綱」は織田信長であろう。日本史の二大変革といえば戦国時代の統一と明治維新である。百年続いた戦国時代を平定し、日本の中世から近世への扉を開けた信長の功績は大きく、信長を「東の横綱」とすることに多くの人は異存ないであろう。「豊臣秀吉や徳川家康では」という人も多いであろうが、秀吉も家康も信長あっての秀吉であり家康である。秀吉は完全な部下であり、家康は同盟者であるが部下のようなものであり、ともに信長によって鍛えられ成長した存在である。信長の業績は数多く、また多くの人が知っていることなので、ここでは省く。

信長は参謀をもたず、己独りの才覚のみで戦国乱世を切り従えた。神仏を恐れぬ理性と気魄。あらゆる物事に柔軟に対応できる思考。物事の本質をとらえ、全体像を見渡し、目標へ向かう鬼神の行動力。これらのことと信長の桶狭間、美濃攻略、姉川の戦、比叡山焼き討ちから本能寺までの事跡を見ると信長の力量は抜群であり、武田信玄や上杉謙信といったその他の戦国武将とは比べものにならない。

一方、西郷に関しては、歴史家や歴史に精通している人々の評価もかなり低い。明治維新は信長の戦国統一と並び、徳川幕府という封建時代（近世）から近代への扉を開けた日本史上最大の変革といってよい。その最大の功労者であった西郷はあまり評価されていない。

西郷はそのスタンスとして権力闘争によって権力を得ようとしなかった。政治とは、政治家が国民の代わりに国民のための業務を代行することである。極言すれば、「仕末に困るような人」が行うものであって、権謀術数を駆使し権力を奪取して行うものではないと考えていた。権力闘争を経ての政権は、歴代中国王朝の興亡を見ても分かるように、また島津家の斉彬と久光の抗争でも分かるように、結果は国民のためというより私欲のための権力になってしまう。そうであってはならない。またそうさせないための仕組みはないものかと常々考えていた。

しかし、現実の政治は西郷が考えているようなものではなかった。自分の信じる政治や政治体制を実現しようと思えば、毛沢東やスターリンのように権力闘争を繰り返すことになる。軍を支配し政敵を排除して自己の権力を強化し強大にしなければ、自分の願う政治など行えるものではない。これが日本に限らず世界史の常識である。西郷は明治政府で参議陸軍大将という官と軍のトップを兼ねたが、それはあくまで仕事上の権能・権限と考え権力と結びつけなかった。

この西郷の意識は、現代民主主義の職務と権限の考え方に近いと言える。日本の歴史上、源頼朝・足利尊氏・豊臣秀吉・徳川家康と比較して西郷がこの考え方を持っていたことは異色であり、また彼らに真似のできないことでもある。

源頼朝は鎌倉幕府を創設したといっても、自分と自分の一族のためである。幕府という形は父義朝や平清盛を反面教師として、朝廷の権力に巻き込まれないため、京から離れた鎌倉で武家政権を樹立し、自らの一族が支配できる体制をつくったにすぎない。足利尊氏は源氏の血筋として、鎌倉幕府を継承するものとして、時代の混乱に乗じ足利幕府をつくった。秀吉は信長の思想や政治手法をそばで見ていたであろうが、信長死後は権力闘争を制し、結局のところたどり着いたのは自分と自分の一族の繁栄のための政治であった。家康は信長と秀吉を反面教師とし、徳川家の繁栄と永続こそが日本の安定と平和につながると考えた。

その点、西郷は、日本を欧米列強に侵食させないという大目的のために政治的能力を失っている幕府を倒し、一日も早く新しい体制の国家を建設すべく、私心を捨て全方位に目を配りながらその役目を果たした。

日本を東洋の独立国家として、しかも欧米列強に一目置かせて存続させたのである。その点で西郷を「西の横綱」にしてもよいと思う。もっとも明治維新は西郷一人の力で実現したものではなく、幕末から百人を超える人々の功績によるものであり、チームプレイであったことは十分承知のうえである。

また一方では、「西南戦争で明治国家に反逆した賊軍の大将ではなかったか」と言う人もいるであろう。しかし、割りに合わない西南戦争を起こして敗れてしまうという馬鹿なことができるのも、私利私欲を求めず国家の将来を考えたことであり、これらのことも含めて評価されるべきである。西郷が足利尊氏のようであれば、そして本気で明治政府に勝とうと思えば、周到な準備をして環境を整え、勝つようにした上で勝ったであろう。しかし、そうはしなかった。

## 天下布武と敬天愛人

信長の「天下布武」は有名であり、その目的意識も四文字に明確に刻まれている。百年続いた戦国乱世を武をもって平定する、そして新しい時代を築く、その前に立ちはだかるものは神仏さえも容赦しないという信長の強い意志が表れている。そのために比叡山を焼き討ちし、一向宗徒を殲滅《せんめつ》した信長の鬼神のような気魄が「天下布武」にはある。

「敬天愛人」は西郷の思想を集約したものであると言われている。西郷自身も「敬天愛人」と自らも書き、人に与えている。天を敬し人を愛するということであるが、意味が漠然としていて明確に理解できない。『西郷南洲遺訓』（以下『遺訓』と略す）二十三項に「道は天地自然の物にして、人は之を行ふものなれば、天を敬するを目的とす。天は人も我も同一に愛し給ふゆえ我を愛する心を以て人を愛する也」とある。この西郷の説明でも、道とは一体どういうものか、天とは何を指すのか、この場合の人とはどういう人なのか、具体的でないためわかりにくく、おそらくこうであろうと類推するしかない。

この言葉に対して西郷自身が詳しく説明しなかったため、多くの人はだいたいそういう意味だろうぐらいしか分からないままに、西郷の思想として四字熟語のように「敬天愛人」と表現している。鹿児島空港には西郷関連のお土産がたくさんあり、敬天愛人の四文字は至るところで使用されている。果たして敬天とは何を意味し、愛人とはどういうことであろうか？　使っていた西郷自身もアバウトにしか理解していなかったのではないかと思うほど明瞭ではない。「天」という文字をキリスト教の神という文字に置き換えてみると、神は人も我も同一に愛し給ふゆえ我を愛する心を以て人を愛する也となる。この場合はキリスト教の万物愛の神と似たような意味であるとも言える。

「人を相手にせず、天を相手にせよ。天を相手にして、己を尽くし人を咎《とが》めず、我が誠の足らざるを尋ぬべし」と『遺訓』二十五項にある。二十一項では「敬天愛人」という言葉を使っている。「道は天地自然の道なるゆえ、講学の道は敬天愛人を目的とし、身を修するに克己を以て終始せよ…」とある。西郷の「天」の思想とは万物を生成し、万物の運行をつかさどる大宇宙の大いなる善の意志とでも言ったらよいのか。その創造主的な根源にある善の意志を「天」といったのであろうか。西郷は、勉強するのも、大学にいって知識を得るのも、何のためかと言えば、敬天愛人が目的であると言っている。

古今東西、歴史上の哲学者や思想家が、人間の生きる目的は何か、人間の存在価値とは何か、生とは何か、死とは何か、人間とは一体どういう生き物なのか、という全くとらえどころのないこの存在をとらえようと探求してきた。しかし、いまだ明確な答えは見い出していない。人間は平和を願うが、戦争も大好きである。人間の科学技術は宇宙に達し、人間の欲望もまた際限がない。死の恐怖が宗教を生み出し、多くの人々は日々の糧を求めて生きるのみで、あえて自分自身を探求しようとしない。果たして人間の生きる目的とはなんであろうか。生きていく目標はなんであろうか。

アフリカの貧困層で生まれた子供もアメリカの富裕層で生まれた子供も同じく人間の子供として誕生したのである。西郷が流されていた時代の奄美大島には家人（ヤンチュ）・ヒザという奴隷制度があった。家人は借金の方や米・籾（もみ）で買われ主家に年期奉公している者。ヒザは家人から生まれた子供のことで、主家の奴隷として生涯その家に属さなければならなかった。

西郷は奄美大島にいる間、この制度の廃止に努め、自身でも個人を説得して相当数のヒザを解放させていた。人間社会の矛盾や社会制度の非情さに心を痛めていた。西郷は奄美大島から去り、しばらくして沖永良部島に流されたため、直接にはヒザの解放に携わることはできなくなった。

しかし、大島にいるとき制度の廃止に賛同してくれた木場伝内が奄美大島の代官・相良角兵衛を説得した。制度廃止に至ったということを木場伝内からの手紙で西郷は知り、沖永良部島の囲い牢の中で「ヒザ解放の御処置、まことに驚いた次第です。とうていそこまでは行くまいと考えていましたが、案外なことでした…」と返事を出し喜んでいる。

西郷は、人間の生命の根本のところまで考えていた。宇宙の大いなる善の意志（「天」としておく）は何の目的をもって生命を誕生させるのであろうか。柿の種を植えると柿の木となり柿の実がなるように、万物の中において人間にも天の意志が植えつけられているのではないだろうか。それは万人に平等に与えられた天の意志であり、人間は成長するにつれその意志を発露することが、人間が人間として成長することであり、そのことが天の意志にかなうことである、と西郷は考えたのではないだろうか。その種子として人間に宿された天の意志を西郷は「敬天愛人」としたのではないだろうか。

西郷の哲学といってもよい「敬天愛人」は奄美大島での島民の親切、役人の圧政と苛酷な年貢の取り立て、ヒザといった諸々の社会制度、また沖永良部島での囲い牢での生活の中で、一箇の人間である個人と天とを結ぶ一種のパスワードとして敬天愛人という言葉を生み出したのではないだろうか。織田信長の天下布武とは真逆の言葉といえる。

西郷の「敬天愛人」は資料が少なく、自身もこれについて詳細に説明しなかったため、専門家においても理解しがたいものとなっている。西郷が青年時代から聖賢の道を目指して行動した結果の「敬天愛人」である。

## 信長の思想と西郷の思想

信長は徹底した無神論者である。人間の生命はこの世で生きている限りのものであり、死ねば灰となり無であると考えている。信長は趣味として舞は『敦盛』を一番舞うのみで、小唄は「死のふは一定《いちじょう》、しのび草には何をしよぞ、一定かたりおこすよの（死は必ず訪れる。死後、私を思い出してもらうよすがとして何をしておこうか。きっとそれを頼りに思い出を語ってくれるだろう）」のみを唄っていたと信長公記にある。『敦盛』にあるように、人間を五十年と断じ、何人にも平等に訪れる死に対して、その期間に己が何をするかが人生であり、そして人生の舞台で己の「テーマ」を演じることが人生そのものであると考えたのではないだろうか。

信長十七歳のとき父の信秀が死去し、万松寺で盛大な葬儀が行われた。『信長公記』には旅の修行僧も多数参会し、僧侶の数は三百人に及んだと記されている。焼香のときになったが喪主信長は現れない。やむなく弟信行に焼香の順を変えようとしたとき、突然信長が現れた。その時の信長の出で立ちは、長柄の太刀と脇差しをわら縄で巻き、髪は茶筅髪《ちゃせんがみ》に巻き立て袴もはかない。親族や一族が居並ぶ中、仏前に進み出て、焼香をかっとつかんで信秀の位牌へ投げかけて帰った。弟信行は折り目正しい肩衣・袴を着用し礼にかなった作法であったと、『信長公記』は信長と弟信行を対比して記している。

現代でも弟信行の行動は常識であり信長の行動は異常である。同じ年齢でも庶民の出の秀吉がとる行動ならまだしも、大名の嫡子としての行動である。人間社会というものの慣習・しきたり、仕組み・階級や生きる目的や常識といったものに対して明確な思想を持っていなければ、信長のような行動はできない。人間という生命体の親と子の関係、兄弟の関係、そして自己と自己以外のすべてとの関係に対する信長独自の思想があったのであろう。

後に、信長が戦国乱世を平定したとき、安土城の中に捴見寺《そうけんじ》を建て信長自身を御神体として祭り、安土に来る人々に拝ませたという。これは、信長の領国を庶民が自由に往来でき戦国乱世を平定し平和を招来したのは、神や仏ではなく信長であるということを暗に分からせる意図があったのではないか。現世の不条理は神や仏が治せるものではなく、現世に生きている人間のみが正すことができると覚醒《かくせい》させたかったのではないだろうか。何もしない神や仏を拝むぐらいなら現実に平和にした信長に感謝すべきだと思っていたのであろう。

しかし、まわりの人々は神も仏も敬わぬとは僭越《せんえつ》な思い上がりと不快に感じた。この信長の神をも恐れぬ思想によって、何をするかわからない危険人物と見なされ、当時の朝廷・公家ら既得権益者に信長排除の作用が働いた。これが本能寺の遠因ではなかったのではないだろうか。

琉球新報二〇〇八年五月十五日の朝刊に、アインシュタインが晩年、ある哲学者への手紙で「神という言葉は、私には人間の弱さの産物という以上の意味はない」と書いていると、この手紙を近く競売にかけるロンドンの古文書類競売業者が明らかにした、という記事が載っていた。ニーチェではないが、人間はそろそろ神を卒業する時期が来ているかもしれない。

西郷は信長とは違った。信長のように無機質的な思想ではなく、生死は天が付与するものであると考えた。天という万物を生成育成する善なる意志が、万物の生と死をつかさどっていると考えた。西郷は沖永良部島に流されていたとき、「獄中有感（獄中に感有り）」と題する漢詩の中で「生死何ぞ疑わん、天の附与《ふよ》なるを」と言っている。

月照との入水事件で死んだと思っていて、生き返らされたこと。沖永良部島で囲い牢の中にあって、自己の運命を試すかのごとく、死と自ら対峙したにもかかわらず、再び生を得たこと。奄美大島や沖永良部島での人々の身に余る親切・思いやり・やさしさに接し、これらも天の慈愛であり、自身が天により生も死もなく生かされていると感じたこと。主にこれらのことを材料として醸成されたのが、後の「敬天愛人」の思想になったと思われる。

西郷は、土持政照から与人（村長）や間切横目（郷中監査役）の心構えを問われて、天の思想に基づき『与人役大体』『間切横目役大体』を書いて心構えを教えている。海音寺潮五郎氏はその著『西郷隆盛』でこの『与人役大体』について次のように解説している。

「西郷の役人論に基づくところは、それが敬天愛人の哲学であり、天に対する信仰である。彼は天を万有の根元とし、天の機能を仁愛であるとしている。これは儒教の哲学であるが、それが何の抵抗もなく彼に受容されたのは彼が天性最も愛情深い人柄だったからであろう。敬天（天に対する信仰）と愛人（民に対する無私の愛）とが、彼においては一体化し、楯の両面となった。彼はこの自らの哲学によって天皇の本質を説き、諸侯の本質を説き、役人の本質を説いている。彼においては役人は天の手先である。同様に諸侯も、天皇も天の手先ということになるわけであろう。このことは与人役大体には書いているわけではないが、論理の必然でそうなる。ある意味では恐ろしい思想である。これほど思い切った思想を抱いていた維新志士は恐らく他にいないであろう」

「役人たるものは、天の本質である仁愛を体して、その具現をすべきであるというのである。諸侯もまたしかり、天皇もまたしかりである。だから、役人の場合は、もし上役、たとえば代官が民に対する愛という点において納得の出来ないことを要求するようなことがあったら、納得の行くまで問い返し、諫言せよというのである。諫言しても聞かれなかったらどうすべきかは書いていない。職を退くべきであるというのであろうか。それとも場合によっては造反も可なりというのであろうか。…中略…。一面、世俗的には最も危険なものを含んでいたといえるであろう」

「敬天」と「愛人」の思想を忠実に直結させようとすれば革命的にならざるを得ない。西郷の『与人役大体』にある諫言をするという意味で、政府に反省を求めての行動が西南戦争に発展したのである。西郷の考えの根底に民に対する愛がある以上、不正義は許されないことであり、それを座視することは思想に忠実であればあるほど、できないことである。

西南戦争は当初、明治政府に反省を求めるための行動であり、それが戦争に発展したのである。その原因は西郷の思想もまた大塩平八郎的要素を多分に含んでいたための結果であるともいえる。

## 死に方が似ている

「人間五十年、下天《げてん》のうちをくらぶれば、夢まぼろしの如くなり、一度《ひとたび》生を享《う》け、滅せぬ者あるべきか」

この言葉に信長の死生観と生き様が凝縮されている。人の一生はたかだか五十年そこそこである。その五十年も下天では一日の長さだという。大宇宙の悠久の長さに比べたら、現代の人間八十年も刹那であり瞬く間である。人間五十年は朝起きて夜寝るまでの一日である。その一日に何を成すべきで、何を成すことができるか、と断じ行動した。活動する時間が限られているので、目的達成のためにはスピード、効率、効果を考えなければならない。

人生の俗事や雑事に振りまわされる暇などなかった。戦国乱世を平定し、平和を招来するために、平定後の図面を俯瞰《ふかん》して、現在ただ今をどう戦っていくかのみ集中していた。その過程に本能寺の変があった。信長は森蘭丸から「光秀謀反」と告げられ、「是非に及ばず」と答えたという。弓で寄せて来る敵に矢を放ち、矢がつきると槍で突き伏せぎりぎりまで戦い、ころ合いを見て奥に下がり自ら火を放った。敵は光秀ということで、自分の死は確定した。しかし、向後のことを考えると光秀に首を渡してはならない。そして自ら生を閉じるまでは眼前に迫る敵を倒すという武将としての仕事をする。

「是非に及ばず」という言葉には信長の機械的な死生達観の響きがある。一方、西郷は「生というものは天から授かるものであり、授かった生を天に返すのが死である。生（命）が自分にあるのか、天にあるかだけのことであるから、生死は一体であり区別するものではない」と言っている。

西南戦争に敗れて郷里の鹿児島に帰り、城山に立て籠もった。当初二万人を越えた軍勢も、立て籠もったときは三百人余りになっていた。六万人の政府軍が城山を包囲し総攻撃を開始した。西郷のまわりには四、五十人の将兵が残っていた。前線に出て最後の戦いをしようと、集中砲火を浴びながら山を降りて行った。途中、銃弾が西郷の股と腹を貫いた。敵弾を受けた時点で武士として敵と戦うという面目は立った。西郷はがっくりと膝《ひざ》をつき、かたわらにいた別府晋介に向かって「晋どん、もうここらでよかろう」と言って自らの首を指し、晋介に首を打たせた。

四方から銃弾が飛ぶかう中、他の将兵も次々と斃《たお》れていった。別府晋介と辺見十郎太が西郷の前後に従って進んでいた。辺見が西郷に「ここらでどうでしょう（自刃しては）」と聞いた。西郷は「まだまだ、本道に出てから立派に斃れよう」と答えた。さらに進んで、ますます飛びかう弾丸が激しさを増して来た。再び辺見が「ここらでどうでしょう」と西郷に迫ったが西郷は「まだまだ」と答えた。安易に自刃はしない。生と死の境をぎりぎりまで見極めたうえで、天から授かった生（命）を十分活用したと断じ、今、喜んで天に生を返すべきときと「晋どん、もうここらでよかろう」と発したのであろう。

# 世界に誇れる信長と西郷

信長と西郷は世界史の人物伝に出しても堂々と渡り合え、キリスト、釈迦、孔子を別とすれば、一位や二位に位置するのではないか。信長や西郷といった人物は世界史でも類を見ない。信長と西郷は世界に自慢でき日本人が誇れる人間である。

アレクサンダー大王、カエサル、ジンギスカン、ワシントン、ナポレオンは信長に比べるといろいろな面で見劣りがする。総合力においても、信長を「横綱」としたら「大関」「関脇」ぐらいである。信長の場合はその事跡を検証すれば、多くの人がなるほどと思うであろう。

歴史に「もしも」はないが、信長の力量は抜群であったので、あえて信長が秀吉の年齢まで生きていたと仮定する。信長の非業の死がなかったとして、時は一五八二年（天正十年）六月である。

一年以内に日本を統一し二年後には居城を安土から大阪へ移し、スペインやポルトガルとの南蛮貿易を大阪、堺、博多を拠点に大々的に実施し、外国の産業や技術を取り入れたであろう。さらに長崎・大分・鹿児島・広島を貿易港として開港し、当時中国の明王朝に進貢貿易をしていた琉球王国を支配下におき、琉球王国をとおして明の政情、経済状況、民政などの内部情報を収集したであろう。また、フィリピン（マニラ）、インドネシア（ジャカルタ）、タイをはじめ東南アジアの諸国とも積極的に交易し、同時にスペインやポルトガルによる東南アジアの国々への侵食状況も把握していたであろう。

一方、国内では富国強兵策を実施し楽市楽座を日本国中に広げ、大阪・堺・博多・広島・大分・長崎・鹿児島は自由貿易都市とし、世界の産物と情報を集めたであろう。特に科学技術の開発には力を入れ、鉄砲の改良と量産、さらに大砲や火薬など火器の開発と量産をしたであろう。国内での金銀の増産も図り信長流の中央集権国家を完成させたであろう。日本統一からここまで三年を要したであろう。このとき、鉄砲の数は長篠の戦のときの三千丁から百倍の三十万丁に達し大砲の数は三千門を超え、外海用の鉄板を張った大型船（すでに国内統一戦の毛利との戦いでは、内海用の鉄張り船は造ってあった）一千隻を擁していたであろう。

日本統一から満五年後のある時期、博多と新潟の二カ所から信長は五十万人の兵力を以て朝鮮半島に攻め入ったであろう。十分の火器と兵站とで六カ月で半島を平定したであろう。ここでは民政に力を注ぎ経済と貿易を発展させ、琉球王国や東南アジアとも交易させ、日本中からの移民を積極的に進めたであろう。この間、信長は台湾を領有し、さらにフィリピンを支配下におき、ベトナムに拠点を設けたであろう。

朝鮮半島制圧から二年後、満を持した信長は百二十万人の兵力をもって、さながら元寇のように中国大陸に攻め入ったであろう。ベトナムから広東省へ向けて十万人、台湾から福建省へ向けて二十万人、鹿児島・博多から上海へ向けて四十万人、朝鮮半島の国境から明の北京へ向けて五十万人の兵が一斉に侵攻したであろう。中国の沿海州は以前から、信長の意を酌んだ和寇が何百何千という船でゲリラ的に攻めていたであろう。さしもの明王朝はそのため疲弊し、侵攻後わずか半年で崩壊したであろう。

さっそく信長は日本に近いという理由で居城を上海に移したであろう。ここでも民政に力を入れて経済と貿易の発展に力をそそぎ、日本からの移住と領国であるフィリピン、ベトナム、台湾、朝鮮半島からの移住を積極的に進めたであろう。中央アジア、ロシア、インドとの交易も盛んに進めたであろう。日本統一から六年後、信長は領国に日本、朝鮮半島、中国、台湾、琉球、フィリピン、ベトナム、インドネシアを有し、文字どおり大アジア共和国を建設するに至った。

当然このぐらいのことは、織田信長であれば宣教師フロエから贈られたという地球儀を眺めながら考えていたことであろう。また生きていたら実行していたであろう。それほどの人物であった。さらにその次は、信長の目はヨーロッパに向けられたであろう。ヨーロッパをも制圧したかもしれない。ヨーロッパの大航海時代に始まり産業革命を経て武器と科学技術により、世界史は白人中心の世界史になっていたが、信長により東洋人中心に変わっていたかもしれない。

当時のヨーロッパの列強といえるスペイン、ポルトガル、イギリスはすでに日本に来航していた。信長は生きているとき、フロイス、オルガティーノ、ヴァリニヤーノといった宣教師ともたびたび会い、それぞれの国の情勢もある程度知っていた。スペインやポルトガルがあからさまに日本に侵攻して来なかったのは、日本の国力が宣教師を通じて本国に知らされていたからであり、国力がはるかに劣っていたら中南米の諸国のように侵攻されていたであろう。

信長の時代の日本は、鉄砲の数といい、その生産技術・量産数といい全くスペイン・ポルトガルに劣るものではなかった。三千丁の鉄砲をそろえ長篠の戦で武田の騎馬軍団を殲滅させた戦術といい、大砲や鉄張りの軍船といい、当時のヨーロッパでは考えられないことであり、天才信長をもってすれば、ヨーロッパの列強も恐れる相手ではなかった。

それが秀吉・家康と権力者が代わり、日本が鎖国という全くの引きこもりの状態になったまま、二百五十年の時を経て再び今度はアメリカ、イギリス、フランスという欧米列強の来攻を幕末という時期に迎えたのである。二百五十年の鎖国のため、兵器に格段の開きができ国力が全く違った。だから恐れ慌てたのである。討幕し明治国家を成立させたまではよかったが、その後はどっしり構えて欧米列強の情勢を収集し分析し、欧米人の本質を見抜き戦略を立てるべきであった。

ペリーの浦賀来航、薩英戦争、四国連合艦隊の下関占領など欧米列強の火器の威力を見せつけられ、大久保、木戸ら新政府の主要人物が欧米列強のすべてを過大評価するあまり萎縮してしまった。このことが新政府が設立されたばかりのとき、一八七一年（明治四年）十一月から約二年近く、大久保、木戸、岩倉ら政府の半数に及ぶ主要人物を欧米列強に、小学生の修学旅行じゃあるまいし、大挙して見学に出かけさせた。結果、欧米列強の文明と科学技術を目の当たりにして圧倒され、そのショックがトラウマとなり、日本人の心に少なからぬ白人コンプレックスを植え付けることになった。このコンプレックスの反動が日清、日露、日中、太平洋戦争の遠因であったかもしれない。

西郷は信長とは違った。その存在は一個人であり、個人の力量を高めること、西郷流で言えば、人間としての高みに登ること、すなわち聖賢になることが人生の最重要事であった。幕末動乱の中で薩軍を率いて戦ったのも、官軍大総督府参謀であったときも、明治になり参議陸軍大将の地位にあったときも、聖賢にならんとする人間西郷が行動したということである。だから、行動の判断基準が常人と少し違っていた。

西郷は『遺訓』の中で、己を成長させるためには「堯・舜（中国の伝説で徳をもって天下を治めた古代の理想的帝王）をもって手本とし、孔夫子（孔子）を教師とせよ」と言っている。極言すれば、西郷はキリストや釈迦や孔子といった聖人は、教えで人を救うことができるが、本当は堯・舜のような政治（治世）で国民を救うべきだと考えていた。その方がより多くの人を救える。

二〇〇八年、北京オリンピックのさなか、中央アジア・グルジア共和国の自治州南オセアチアをめぐり、グルジア軍とロシア軍がともに南オセアチアに侵攻し二千人を超える死者を出した。地球上においても各国の利害のあり方や、共存共栄の仕組みを考え直すべきときである。西郷は己自身が聖賢を目指し、その帰結として日本を堯・舜の治世のような国家に成したかったのである。日本史の中でも世界史の中でも、政権のトップにいた人間がこのような考えを持っていた例はほとんどない。

## 現在の日本で世界の信長・西郷が出るべき

日本のことを考えながら世界のことも考えることができる、信長や西郷レベルの政治家が必要である。日本人は信長と西郷に感謝すべきである。信長によって日本では宗教戦争というものが存在しなかった。その後の日本は良いも悪いも、秀吉、家康という信長の行動を目にして、信長によって鍛えられた人間がつくった日本である。

幕末のイギリス公使パークスは「東洋人に対しての外交手法は恫喝あるのみ」と豪語していた。西郷は彼らの底意を見抜き、ある意味勝海舟の真意をくみとり、欧米列強につけ入る隙を与えず、素早く討幕した。しかし、もし討幕という内戦が四〜五年続いていたら、薩長に肩入れしたイギリスか、幕府に肩入れしていたフランスかどちらかに日本の一部は割譲されていたかもしれない。これを回避できたのは、命もいらず、名もいらず、官位も金もいらぬ仕末に困る人西郷の大きな度量のなせるわざである。

二〇〇八年九月突然福田首相が一年足らずで辞任した。その前任者の安倍首相も突然首相の職を投げ出した。日本のトップである首相の職は誰のための職であろうか。首相の仕事は誰のためになす仕事であろうか。日本一国で世界に進んで行ける時代ではないとき、日本と世界のあるべき未来を見据えて、手を打てる政治家が必要であろう。その人を得るか否かは日本の盛衰にかかわってくる重大事である。

# 第三章　聖賢への道

# 人の生きる道

人は人の道を生きる。人間が根本に志すものであり、人間が他の動物と違うところである。人は人としての生き方を志す。人類はおよそ五百万年前アフリカの森から草原におりた猿が進化して人間になったと言われている。人類は戦争と殺戮を繰り返してもなお、他の動物と異なり進化し発展し続けた。それは人間が人間としての生き方を追求してきたからではないだろうか。

人類の歴史の中で、ときおりキリスト、釈迦、孔子といった偉大な人類の師が人の人としての生き方を教え示した。また数多くの哲学者や思想家が出現し、人の人としての生き方を探求した。人が人として生きる道、その道を西郷は探求しようとしたのである。そのための最初の教科書は朱子の『近思録』であった。西郷とて最初から強い思いがあったわけではなく、立派な人になりたい、強い人になりたい、潔い人になりたいなど当時の薩摩武士としての憧れから始まった。

藩主重豪の時代、目付・秩父太郎は、領民が藩の経済政策の犠牲となり塗炭の苦しみの中にあることを藩主に直言した。そのため秩父太郎は職を失い生活は困窮したが、晴耕雨読を常とし清節剛毅さを失わなかったという。西郷は、秩父太郎の直言する勇気と見事なまでの身の処し方に感嘆し、愛読書が『近思録』であったということを知り、自ら提案して『近思録』の共同研究を大久保正助、吉井友美、伊地知正治、有村俊斎らと行ったのである。

青年時代の西郷は郡方書役として約十年間農政や民政の現場にいて、重税にあえぐ農民の姿を目の当たりにしていた。人一倍情愛が深く正義感の強い西郷は、農民の窮状を見てなんとかしてあげられないものかと思ったであろう。

しかし、そう思う自分自身は税を取り立てる側の役人である。しかも自分を含め藩主以下藩は農民から取り立てた税で成り立っている。現代でもそうであるが税は取るものであり、取った税は取った側のものであると思っている。納税者の苦労や痛みは理解しようとしない。ましてや江戸時代の徴税である。取り立ては苛酷さを極めたであろう。

西郷は、見て見ぬ振りができずに純粋で愛情が深く正義感が強いだけに、これらのことへの身の処し方に思い悩んだことであろう。自分の信じる正義とは何であろうか。いかなる場合も変わらない人の道とは何であろうか。このとき出会ったのが『近思録』である。奄美大島・徳之島・沖永良部島に流されたとき携えたのも『近思録』であった。

## 聖賢に成らんと欲する志

「聖賢に成らんと欲する志無く、古人の事跡《じせき》を見、迚《とて》も企《くわだ》て及ばぬと云ふ心ならば戦に臨みて逃ぐるより猶《なお》卑怯《ひきょう》なり。朱子も白刃を見て逃ぐる者はどうもならぬと云われたり」。西郷の言葉として『遺訓』三十六項にある。

この言葉は、西郷が聖賢を目指した自分自身の覚悟を表している。遺訓集の訳では聖賢を聖人賢士（知徳の優れた人賢明な人）と訳している。西郷のいう聖賢とはどういう人のことを言っているのかがこれではわからない。西郷と同時代に生き、純粋、純正で孟子が大好きであり、聖賢を目指したともいえる吉田松陰が『講孟余話』の中で聖賢について述べている。その中で孔子は聖人とし、孟子は聖人の亜（孟子は亜聖と呼ばれ聖人に次ぐ人物）としている。

西郷も孔子や孟子のことをイメージして聖賢と言っているのではないかと思う。聖人は孔子で間違いないが（西郷は堯・舜を聖人としているのかもしれない）、賢人は孟子だけでなく孔子の弟子や朱子、韓非子、荘子、老子、そのほかの『史記』や中国の古典に出てくる義の人、忠の人、礼節・節義の人などの英雄豪傑も西郷は含めているかもしれない。ここでは聖人は孔子とし、賢人は孟子レベルの人として聖賢とする。

西郷の言う「聖賢に成らんと欲する志」とは、孔子、孟子のレベルの人間になろうとする志である。非常にレベルが高い。西郷は次のように説いただろう。

「人は孔・孟を目指して人間を自己を磨き高めるべきである。その志がないということとや、孔・孟の事跡を見て自分には孔・孟のようにはできないと思うことは、人として情けないことである。そういうことは、戦の場に臨んで逃げるより卑怯なことである（薩摩武士の教育を受けた西郷の感覚では戦場で敵を見て逃げることは最大の恥辱で死よりも重いことであったろう）。孔子や孟子といえど同じ人間ではないか。孔・孟を超えるぐらいの気概で戦うべきである。命のひとつふたつは、くれてやるぐらいの覚悟と勇気をもって聖賢の道へ挑戦せよ」

西郷が「聖賢に成らんとする志」を、人間にとっていかに重要な志であると考えていたかが理解できる。西郷の本心は多くの人が聖賢になる志を持って欲しいのである。人間が人として生まれ生きていく以上、人としての道を探求してほしいのである。そして人としての道を探求することを全ての志（目標、目的）の基盤に置いてほしいのである。人としての道を探求し極めた孔子や孟子をモデルとし目標としてほしいのである。

多くの人がこの志を持つことが人間の進化となり、そして人間社会の発展と新たな社会の具現化につながると西郷は信じている。人間は偉大であり、誰しも孔子や孟子になれると信じている。「聖賢に成らんと欲する志無く…」は時代を超えた西郷の強い意思を感じる言葉である。

## どうしたら聖賢になれるか

方法は簡単である。聖賢の行動や考えを真似すればよい。西郷は「誠意を以て聖賢の書を読み、其の処分せられたる心を身に体し、心に験する修行をすることである」と言っている。『論語』や『孟子』を聖賢に成るためのノウハウ書のように誠意をもって読み、孔子や孟子の行動・考えが自分にできるかどうか実験してみることである。できないところがあれば、なぜ自分にできないのかを検証し、できるようになるよう練習訓練することが第一である。そして少しずつできるようになることである。

しかし、現代においても、金持ちになりたい、ビジネス成功者になりたい、スポーツ選手・芸能人になって有名になりたいとは思っても、孔子や孟子のようになりたいとは誰も思わない。西郷の当時であっても、大久保も木戸も岩倉もそのほかの維新によって高位高官を得た志士も聖賢になろうとは思っていなかった。独り西郷のみが正直に聖賢の道を歩んでいた。

西郷としては明治政府の高官であればあるほど聖賢の道を行う人であってほしかった。必然的に強大な権限を持つことになるのであるから国民に対する影響力も大きくなる。こういう場合こそ堯・舜の政治を実際に行ってみるチャンスではないか。聖賢の道を志す者であればそう思うはずである。しかるに、成立まもない国家で山県有朋や井上馨らの汚職が発覚し、三井・三菱の政商が生まれ利権を求めていたのである。これでは奄美大島の代官や役人と同じ所業ではないかと西郷は思ったであろう。西郷にしてみれば、山県も井上も「聖賢になる志無く、戦いに臨みて逃げるより猶卑怯な男」と思ったであろう。

洋の東西を問わずいつの時代であっても、こういうことはある。なんとかならないものかと思い、何か良い社会の仕組みはないものかといつも考える。人間とは自分のことしか考えない動物であると、諦めるしかないのかもしれない。しかし、「聖賢に成らんと欲する志」は十分命を懸けるに値する志である。この志の良さをもっと多くの人々が知るべきである。

幕末長州藩を動かしたのは、木戸や山県や井上でなく、何の役職もなく野山獄にいた罪人の吉田松陰である。「聖賢に成らんと欲する志」を持つ吉田松陰である。松陰の一番弟子の高杉晋作と二番弟子の久坂玄瑞が長州藩を動かした。

吉田松陰はペリーの恫喝外交を知り、このままでは日本は清国のように欧米列強に侵食されると思った。日本の危機を感じた松陰は、自分がアメリカに渡ってアメリカの進んだ科学技術や知識を学んで日本に持ち帰り、日本がその技術や知識を習得し大艦大砲などを造ればよいではないかと思った。そして実行するため下田沖に停泊していたアメリカの軍艦ポーハタン号に小船でたどり着き、アメリカまで連れて行ってもらおうと渡航を決行した。

日本は鎖国をしていて密航は国禁を破る重罪である。アメリカは幕府との関係がこのことで悪化することを慮《おもんばか》り、松陰を連れて行くことを拒絶した。松陰は幕府に自首し江戸伝馬町の牢に入れられたが、しばらくして藩に戻され、国禁を破ったということで萩の野山獄に入牢させられた。松陰二十四歳のときである。

アメリカ映画の『インディペンデンスデイ』に出てくる異星人の巨大な宇宙船に吉田松陰が地球のために乗り込んで行くようなものである。幕末動乱もまだ始まっていないときである。日本と日本の将来を思いわが身を顧みず、よかれと思う行動をした。まさしく西郷の言う「仕末に困る人」の見本である。

密航の罪で郷里萩の野山獄にいるときは、獄中でできる「よかれ」と思う行動をする。在獄中、松陰は富永有隣らを有能であるということで釈放を藩に働きかけ、十一人中六人を出獄させている。ここに己の損得を計算に入れていない。孔子や孟子であったらどうするであろうか、当然同じことをすると思ったであろう。しかし、それさえも考えることなく、よかれと思う心の命ずるままに行ったのであろう。

野山獄を出獄後、松下村塾を開いた。長州藩の幕末維新は松下村塾出身者がつくったといっても過言ではなく、明治国家の建設に果たした松陰の役割は非常に大きかった。その松陰は明治を見ることなく一八五九年（安政六年）に江戸伝馬町の獄舎内で処刑された。門地門閥もなく妻子も得ず、何の権力も持たない一介の青年吉田松陰が、親が我が子を思うように見返りを求めず日本のことを思い行動した結果である。

松陰は二十四歳のとき米国への渡航を失敗した後、入獄して以来二十九歳で死ぬまでの間、約一年半の間松下村塾を開いて少しばかりの自由を得た以外は、ほとんど獄中であった。松陰は獄中にいても、高杉、久坂ら塾生を教育指導、叱咤激励し自分の火のような志を伝えた。

松陰の考えや生き方は、現代の若者の目で見たら、何の興味もなくおもしろみもない生き方かもしれない。ビジネス成功者やＩＴ長者の方が良いに決まっている。人間は二百年、三百年は生きられない。松陰が生きた当時でも、金持ちもいれば、高位高官の役人もいれば貴族も大名もいた。しかし、彼らは日本の歴史に名を残すほどではなかった。松陰は二十九歳で亡くなったが、日本史に永遠の墓碑銘を刻した。しかもなお、松陰の『講孟余話』『留魂録』などの著は、読む人に松陰の熱烈な思いと思想を伝え感奮させる。松陰は今でも多くの人に影響を与え永遠に生き続けていく。

人間一生一度の人生である。松陰の生き方はおもしろい。目の前の損得ではなく、長い目で見ればＩＴ長者より価値のあるはるかにおもしろい生き方であると思う。

## 誰でもキリスト・釈迦・孔子になれる

世界の三大聖人といえば、キリスト・釈迦・孔子である。三人の中で一番人間らしいのは孔子である。次は釈迦で、キリストになると人間らしくなくなってくる。孔子は人間そのものであるから、一番まねをしやすく近づきやすい。釈迦は実際、人間であるが、仏となり人間からはるか離れた雲の上に行ってしまった。キリストは神となり、実態が分からなくなった。

キリストが釈迦の年齢八十まで長生きしたら神となっていたであろうか。キリスト・釈迦（神や仏）の人類・人間における存在意義は何なのであろうか。キリストや釈迦の人間として生きる目的は何であったろうか。ともに二千年以上前の人間であり、現在に神仏として存在することを意図していたであろうか。キリストや釈迦の真の思いが現代に正確に伝わったであろうか。

人間は自己の能力のレベルでしか教えることはできない。キリストや釈迦の弟子たちがその本当に教えるべきことを伝えきれたであろうか。弟子のレベルで解釈したことが現代までの二千年もの間伝わってはいないだろうか。なまけ者で面倒くさがりで、わがままで横着な人間が、キリストや釈迦の教えを検証することもなく、鵜呑みにしてはいなかっただろうか。

人類の歴史を見ると、神の名のもとに戦争や殺戮を繰り返してきた。それは二〇〇八年の現代でも続いている。人類の歴史の中でどれほどの人間が神の名のもとの争いで犠牲になったであろうか。ひょっとすると神の名のもとに核戦争が起こり、人類が滅亡するかもしれない。今の世界情勢を見ていると可能性が全くないとはいえない。

二千年以上前の人類にキリストや釈迦が教えたのと同じ方法で、インターネットや携帯電話を駆使する二十一世紀の人類に教えてよいものであろうか。人類が四、五歳の園児であった二千年前であれば、幼稚園の先生が理解しやすいように例えを多く用いてわかりやすく説明したであろう。人類が二千年を経て大学生になっているとしたら大学生用の教え方に切り替え、教える方も大学生を教える力量がなければならない。

人類はいまだに幼い園児のままであり、特別な教師が必要なのであろうか。それとも進学し大学生となり自立して目覚め、もう特別な教師は必要としなくなっているのであろうか。人類の行く末を考えるとき、この見極めは大切である。

多くの人は、西郷や吉田松陰のように哲学、世界観や宇宙観を自分自身の手でつくろうとはしない。大変だからである。既製服を買うように、すでにつくられている哲学や世界観や宇宙観や宗教を自分の好みや他人の勧めで安易に手に入れてしまう。西郷に言わせたら、戦いに臨んで逃げるよりなお卑怯なことであろう。

松陰も「経書を読むの第一義は、聖賢に阿《おも》ねらぬこと要なり。若し少しにても阿《おも》ねる所あれば、道明かならず、学ぶとも益なくして害あり」と説いている。孔子の『論語』や孟子の『孟子』を読むにあたって一番重要なことは、聖人や賢人である孔子や孟子に追従しないことである。もし少しでも追従する気持ちがあれば、せっかく道を求めようとしても自分を見失い、道は明らかにならず、それではかえって道を求めようと学問をしても益にはならず害になるだけである。

松陰が言いたいことは、たとえ聖人の教えであっても盲従してはならないということである。聖人の教えは自分自身の道を探求するための教科書としては良いが、それはあくまでも自分自身を磨き向上発展させるための道具として活用すべきものであり、自身で努力するという行為を捨て盲従すべきではない。面倒なようであるが、自分自身でもがき苦しみ得たものが自分のものとなるのである。

実際に、キリスト教の新約聖書を読んでキリストの行為の善しあしを、仏教の経典を読んで釈迦の行為の善しあしを彼ら聖人に阿ねることなく指摘することができるであろうか。二千年以上前のキリストや釈迦が生きた当時も、何々神という神や何々教という教義もあった。その当時の人類が聖人と崇める人もいたかもしれない。しかしキリストや釈迦は当時の神や教義に阿ねることなく、満足せずに批判し指摘し、自ら修業して独自の道を探求したのではなかったか。いずれも若いとき家族を捨て自らの道を求めて修業の旅に出た。孔子も同様である。

この行動が原形であり、後にキリスト教や仏教となった行動の出発点である。現代のキリスト教や仏教やその他の宗教、諸々の教えというものに対し、キリストや釈迦がとった原形の行動をとることこそ、キリストや釈迦の教えに報いることであり、人類の新たな進化に繋がるのではないだろうか。師の喜びは弟子が師を乗り越えることであるという。

「満街の人、皆これ聖人なり」。人間は誰でも聖人になれる。その可能性においては平等である。たとえになっているかどうかは分からないが、誰でも弁護士になれる、後は司法試験に合格するか否かである。キリスト・釈迦・孔子もそのぐらいの位置であると思うぐらいが良い。人間や人智をはるかに超えた存在にしてしまうと、距離がありすぎるためかえって人間が萎縮し、なまけものになり人類に不幸をもたらす。神や仏も少し手を伸ばせば届く高さにいた方が人類という動物のためである。

私もそうであるが、宗教というものはなくても結構生きていけるものである。親子三代宗教なしで生きている。しかし、人として人の生きる道を求める必要はある。これは人間が人として生きる宿命ともいえる。

# 人間の本質

人間とは一体どういう生物《いきもの》であろうか。何を思い何を考えて生きているのであろうか。人間が頭の中で思い考え行動に移すときは、九九・九九％自分のための行動であるという。自分自身の心の反応を公平に分析できるとしたら、自身の想念（思ったり願ったり考えたりすること）の九九・九九％は、自分自身のこと、自身の家族、仕事、友人、子供、財産などに向けられていることがわかるであろう。

これを類別してみると、想念の八五％は自分をどのように維持していくかという自己維持の考えで満たされており、あとの一四・九九％は自己快楽にとらわれていることになる。要は、自己維持と自己快楽が頭の中を九九・九九％占めていることになり、人間は朝から晩まで自分のことばかり考えていることになる。残り〇・〇〇一％が無私の思いであるという。

この例で見れば、人間がとったどういう行動でも、自己維持か自己快楽の行動のいずれかであり、たとえ人のためとか、世のためとかいう行動であったとしても九九・九九％は自分のための行動ということになる。どういう場合のどういう状態であれ人間は自分のことしか考えず行動しているということになる。そうする動物であり、それが当然であると考えるべきである。

「人間は九九・九九％自分のことしか考えない」ということをお互いが考えの根底に置けば、「裏切られた」とか「誠意がない」という一方的に相手に付けた言葉は、吹っ飛んでしまうだろう。しかし、多くの人は「私はあなたのことを考えているし、あなたも私のことを考えてほしい」と思っている。自分が思っているとおり、または期待しているとおり相手が行動しないと誠意がないということになり、意に反することを相手がとると裏切ったということになる。

人間の本質をしっかりと見極め、〇・〇〇一％の無私の部分を探求し拡大することが人の人としての道を探求することになるのではないだろうか。

聖賢への練習（一）

# 心が望むことの反対をする
# 人がやりたがらないことをする

ある意味この練習方法は単純であり簡単である。心が望むことの例を挙げてみよう。①金持ちでありたい②生活が一生安定していたい③人からは尊敬されたい④苦労はしたくない⑤嫌なこと損することはしたくない⑥長生きしたい⑦人から嫌われたくない⑧仲間はずれにされたくない⑨幸せでありたい

このほかにも自分自身（心）が望むことは多い。これらのことは自分自身が損するか得するか、楽するか苦労するかだけが判断基準になっている。千人いれば千人が望むことであり何も問題はない。しかし、聖賢への訓練となればこの逆をしなければならない。

「若いときの苦労は買ってでもしろ」という言葉がある。貧乏を買い、不安定を買い、苦労を買い、困難を買い、嫌なこと損することもわざわざお金を出して買わなければならない。これらのことをお金を出して買ったのであるから、自分のものとなり愛着もわき大切にしたくなる。そうすると貧乏が貧乏でなくなり、苦労が苦労でなくなり、損得もいつのまにかなくなってくる。西郷も吉田松陰も「なるほど、こういう心の訓練をしていたのか」とうなづける。

このほかにも自分自身の瞬間瞬間の心の変化を観察し、さまざまな心の望む反対のことをしなければならない。一例として「怒りを移さず」という訓練がある。どういうことかというと、たとえば職場で上司である部長が課長を叱ったとする。叱られた課長は理由が納得できなかったので、叱られた怒りを部下の係長にぶつけたとする。課長は自分が叱られた怒りを係長に移したことになる。これが怒りを移すことであり、怒りは移してはならないのである。しかしながら人間社会では怒りを移すことはよく見られる。夫婦喧嘩をして子供に当たることなどは、叱られる理由がない子供に怒りを移したことになる。

次は西郷が若者に示した訓練方法である。

示子弟　（子弟に示す）

世俗相反処（世俗相反《あいはん》する処）

英雄却好親（英雄却《かえっ》て好親《こうしん》す）

逢難無肯退（難に逢《お》うては肯《あえ》て退《しりぞ》く無れ）

見利勿全循（利を見ては全く循《したが》う勿《なか》れ）

斉過沽之己（過ちを斉《ひと》しうては之を己に沽《か》い）

同功売是人（功を同じうしては是を人に売れ）

平生偏勉力（平生偏《ひとえ》に勉力せよ）

終始可行身（終始身に行う可し）

この漢詩の題が示すように、西郷は志ある若者に言いたいのである。自己訓練をして大志を抱き強くたくましい人間になれと。それには世間一般の人が好む（心が望む）ことのあえて反対の行動をせよと。困難なことに出合ったら普通は逃げたり避けたりする。そこであえて立ち向かって行けと。

利になること、たとえば金儲けの話、あぶく銭、「濡れ手で粟」のうまい話や利権などがあったら、これに目をくらまされたり盲従したりしてはならない。また、仲間同士で仕事をした場合に、失敗したり成功しなかったりしたら、それは自分一人の責任であるとせよ。功績があったり成功したりしたら、それは自分のおかげではなく、あなたたちの努力の結果であるとし自分の功績とするな。これらのことを意識して普段から努力せよ。そして常にこれらのことを実行に移せ。そうしたら強くたくましい人間になれる。聖賢の道への入り口ぐらいには行ける。

西郷自身もこういう訓練をしていた人間であったから、一般の人はもちろん歴史家にさえ分かりにくい人物であったのであろう。

聖賢への練習（二）

# 我欲に克つ

人間は自己の維持と快楽を求める想念で九九％以上占められているとすれば、必然的にその行動は自己の維持と快楽のための行動となってくる。人間が生きていく上で、この行動は人間の本能ともいえるものである。しかし、この行動が他を顧みず自己中心的になりすぎることを「己を愛すること」と西郷は呼んでいる。利己的、エゴ、我欲といったものである。

**「己れを愛するは善からぬことの第一也。修業の出来ぬも、事の成らぬも、過《あやまち》を改むることの出来ぬも、功に伐《ほこ》り驕慢《きょうまん》の生ずるも、皆自ら愛するが為なれば、決して己れを愛せぬもの也」**（『遺訓』二十六項）

（自分を愛すること、即ち自分さえよければ人はどうでもいいというような心はもっともよくないことである。修業のできないのも、事業の成功しないのも過ちを改めることのできないのも、自分の功績を誇りたかぶるのも皆、自分を愛することから生じることで、決してそういう利己的なことをしてはならない)

人は誰しも、人に非難されたくない、バカにされたくない、軽くあつかわれたくない、常に自分が有利な立場にいたい、自分は間違っていない、自分は正しいなど「自分自身にとって」という自分だけの考えがある。それは自分にとっての都合であり、自分にとっての損得であり、自分にとっての正義である。これを放っておくと、西郷の言う「己を愛すること」が体のすみずみまで行きわたり、ついには我欲のかたまりとなり、人間より動物に近くなってくる。

吉田松陰の言葉に「耳目口鼻は家臣で心は主君である」というのがある。耳や目や口や鼻といった機能を独立して存在する「家臣」であるとし、「心」は家臣が仕える主君にたとえている。耳の機能を通しての人間の欲望がある。たとえば、優しい言葉で言ってほしい、美しい声やいい音楽などを聞きたいという耳の欲望である。目であれば、目の機能を通して目が欲する欲望、口であれば、味わう、おいしいものを食べたいという欲望である。鼻であれば、華の香り、香水といった鼻の機能を楽しませる欲望である。

こうした欲望により、耳目口鼻は各自の機能を自由勝手に発揮しようとして自己主張する。しかし、主君である「心」は家臣にふりまわされずに、見るべきものを見て聞くべきときに聞くという具合に家臣をコントロールすべきである。家臣のわがままを許しておくことは、主君の役目を果たしていない。主君として申し訳が立たないことであると言っている。

人間の欲はこの四つの入り口から入ってくる。この欲をコントロールすることは大変なことである。常日ごろからこの欲をコントロールするという気構えで、我欲に克つ練習をしておくべきである。この欲を軽く考えたりあなどったりしてはいけない。いつ何時強大となり、瞬間に「心」を押さえ込んでしまうか分からない。強敵であるので常々意識して克ち続けていかなければならないと西郷は言っている。己の我欲に打ち克つ訓練を常に行い、耳目口鼻を四頭立ての馬車を走らせるように、心という御者は耳目口鼻を制御し走らせなければならない。

次に紹介するのは西郷の『遺訓』の言葉である。

**「己れに克つに、事々物々時に臨みて克つ様にては克ち得られぬなり。兼て気象を以て克ち居れよと也」**（『遺訓』二十二項）

（己にうち克つにすべてのことを、そのときその場のいわゆる場あたりに克とうとするから、なかなかうまくいかぬのである。かねて精神を奮いおこして自分に克つ修業をしていなくてはいけない）

聖賢への練習（三）

## 独り部屋にいるとき己を慎む

独りでいるとき、誰とも接しないときは、誰にも見られていないという安心から、さまざまな我欲が現れる場面である。たとえば、私が仕事から帰って自分の部屋に入りドアを閉めたとする。いつもの部屋の中である。誰の目も気にするはずはない。密閉された空間である。

衣服を脱ぎ捨ててすてこ姿になり、テレビとクーラーをつけ冷蔵庫を開け何か食べ物はないか探す。寝そべって片肘をつき、テレビのチャンネルをあちらこちら選局している。頭の中は空虚で目は何の意志もなくテレビの画面にある。時折鼻くそをほじったり、どこか痒いのかお尻をボリボリかいたりしている。誰もいない部屋の中では、壁で遮断され外からは全く見えないのだから、普段人前では見せないあわれな格好になったり、動物園の檻の中の熊のように動きまわったりするだろう。

しかし、四方の壁がガラス張りであり、しかも衆人監視の中に置かれているとしたら、独り部屋の中にいるような行動はできない。ガラスの部屋であれば他人に見られていることを意識し、行儀がよくなり人によく見せようとする行動をとるだろう。

西郷は慎独の訓練を重要視している。独りとは、部屋の中にいるときばかりではなく、他人と接していないとき、独りの時間のとき、何もしないでいるときなど他人の目から離れたところにいるときのことである。このときこそ自分を慎まなければならない。なぜなら、絶対に他人の目が届かないという事実と安心感で、頭の中には雑念や妄想や我欲が自由気ままに湧き上がり、立ち居振る舞いは、独りいる部屋のようになってしまうからだ。それでは人が見ている前と、そうでないときとの行動は違うということである。それは自分の都合や損得で人や物事に違った対応をしていることになる。

人が見ていようと、見ていまいと同じ行動ができるようでなくてはならない。そのためには誰にも見られてないと思うのではなく、あえてガラス張りの部屋の中にいると思い、自分をコントロールしなければならない。この訓練をすることが大切である。部屋の中ばかりでなく、独りでいるときは独りを慎むという練習を何度も繰り返し、独りでいるときも、そうでないときも同じようであらねばならない。この訓練を徹底すると、たとえ千人万人の衆目監視の中であっても、誰もいない部屋の中で独りいるような行動ができるようになる。他人の目など一切気にしなくて済むほどの精神がつくられるであろう。

西郷はこの訓練を徹底して自らに課した。沖永良部島で囲い牢の中にいたとき、人が見ていようと見ていまいと慎独を守って、そこをあたかも自己修練の道場であるかのようにしていた。その西郷の姿に土持政照が感心し尊敬したのである。

## 人としての道を行うのに、できる人できない人も、上手な人下手な人もいない

「道を行ふ者は、固《もと》より困厄《やく》に逢ふものなれば、如何なる艱難《かんなん》の地に立つとも、事の成否身の死生抔《など》に、少しも関係せぬもの也。事には上手下手有り、物には出来る人出来ざる人有るより、自然心を動かす人も有れ共、人は道を行ふものゆえ、道を蹈《ふ》むには上手下手も無く、出来ざる人も無し。故に只管《ひたす》ら道を行ひ道を楽み、若し艱難に逢うて之を凌《しの》がんとならば、弥々《いよいよ》道を行ひ道を楽む可し。予《よ》壮年より艱難と云ふ艱難に罹《かか》りしゆえ、今はどんな事に出会ふ共、動揺は致すまじ、夫れだけは仕合《しあわ》せ也」（『遺

訓』二十九項）

（道を行う者はどうしても困難な苦しいことに遭うものだから、どんな難しい場面に立っても、そのことが成功するか失敗するかということや、自分が生きるか死ぬかというようなことに少しもこだわってはならない。事をなすには上手下手があり、物によってはよくできる人やよくできない人もあるので、自然と道を行うということに疑いをもって動揺する人もあろうが、人は道を行わなければならぬものだから、道を踏むという点では上手下手もなく、できない人もいない。したがって、一生懸命道を行い道を楽しみ、もし困難なことにあってこれを乗り切ろうと思うならば、いよいよ道を行い道を楽しむような境地にならなければならぬ。自分は若い時代から困難という困難に遭ってきたので今はどんなことに出会っても心が動揺するようなことはないだろう。それだけは実に幸せだ）

この言葉は西郷の心の修練の履歴といえる。青年時代の『近思録』との出会いと聖賢の道への志。藩主斉彬に見出されたこと、そして月照との入水自殺。奄美遠島。討幕と明治維新。これらのさまざまな出来事の中で、いかに西郷が愚直なまでに道を行っていたかが文字通りわかる言葉である。

西郷を慕う荘内藩の若者に語った言葉であろうが、西郷が言いたいのは、目先の利益で自分の進むべき進路を決定するのではなく、人間が人として歩まなければならない人の道を行うことを志すことがなにより大切である。頭の良しあし上手下手、まったく問題ではない。いつから始めても良いのである。

自分もこの道を若いときから一筋に生きてきたが、決して損な道ではなかった。一生一度の人生を懸けるに値する道である。それはこの西郷が保証すると言っている。

## 欲を少なくする

人間の欲望には際限がない。帝国主義時代の英国人で南アフリカの支配者であったセシル・ローズは「惑星をも手に入れたい」と述べたという。人間の想念は自己の維持と自己の快楽とで九九・九九％が占められているという。人間は生命を維持し、少しばかりの楽しみとゆとりがあればいいというのでは済まない。『雨ニモマケズ』の宮沢賢治のように自ら進んで質素でつつましくは生きたくはない。家が欲しい、車が欲しい、もっといい家に住みたい、もっといい車に乗りたい、おいしいものを食べたい、金持ちになりたいなどさまざまな物的欲望、そして権力欲、支配欲、名誉欲といったさまざまな精神欲もある。

人類をここまで進化発展させたのは、よりよい物を、さらによりよい物をと求めるあくなき欲望のたまものであるといってもよい。人間を成長発展させてきた欲望は人間にとって重要で必要なものである。しかしながら、この欲望が自分だけの我欲となり、自分や自分の一族そして自国の利益と生存のために向けられたとき、人類の歴史が示すように多大な犠牲を伴ったことも事実である。

現代でも、独裁国家があり、戦争、紛争、政治腐敗、経済的汚染など自分や自分たちさえよければという我欲に起因する事件や事故をはじめ多くの問題が噴出している。戦争はエゴと不信感の上に発生し、自国が生きのこらんがために行われる。現代の地球上で資源の争奪戦、食料の争奪戦となったとき、自国の生存のためいつ核戦争に踏み切らないともかぎらない。日本でも汚染米問題やまた社会保険問題が浮上している。東洋の先進国である日本が世界各国に向けて「日本の政治、経済、社会体制を範とせよ」と言えるぐらいであって欲しい。また、言えることで世界が変わるはずであると思う。西洋のアングロサクソン系の物質欲が暴走するのを抑えるためには、日本の精神文化が必要である。そういった意味では明治初年に戻り西郷をもっと評価すべきである。大久保は政治家として評価されているが、どういうわけか西郷は政治家としてはその評価は無能であったかのごとくである。

海音寺潮五郎氏は、大久保が目指したのはフランス式の警察国家であり、西郷が目指したのは道義国家であったという。私もそのとおりであると思う。西郷の『遺訓』を読めば、西郷がそういった国家を目指し、ゆくゆくはつくりたかったであろうことはすぐ理解できる。しかし、道義国家など人類がつくったことがない国家である。それが西郷の理想だと言われてしまえばおしまいである。それでも段階を踏んで行えばできないことではない。実際、西郷は留守内閣の間わずかな期間ではあるが少しだけ実験した。

一体、明治維新とはなんであったのか。ペリーの恫喝《どうかつ》により開国させられた。欧米列強の科学技術と産業の発達を恐れるあまり、技術や産業を模倣し、西洋に追いつけ追い越せの戦略だけでよかったのか。なぜこういうことを思うのかというと、太平洋戦争においても日本と対峙したのは欧米列強（アングロサクソン系）であり、結局は幕末と変わらない状況ではなかったのか。

明治の文明開化という欧米化政策は戦後の対米追従政策に似ている。アングロサクソン系白人のＤＮＡまでを頭に入れた計算をして仲よくしなければならない。大航海時代のヨーロッパはインカ、アステカ、マヤの各文明を滅ぼし、奴隷貿易を始め、アメリカ大陸を占有、帝国主義時代にはアジア諸国を植民地化した。国家としての欲望のかたまりである。現代のアフガニスタン、イラク戦争もあまり違いはないように思える。大久保の政治手法や性格は欧米人にはすぐ読める。常に自分たちが使う手法だからである。しかし西郷の手法や性格は読めない。それは「仕末に困る人」だからである。

後で歴史をああだこうだと言うことはできないが、廃藩置県の断行に西郷を活用するだけでなく、派閥や権力争いや権謀術数といった私利私欲を捨て、討幕という大きな目標に向かっていたときのように、西郷にその後の日本を任せていたら日米開戦はなかったかもしれない。大義のためと思っても、権力欲や支配欲、名望欲を少なくすることは、大久保、木戸、岩倉にとっても難しいことである。誰しも自分の思う体制にしたいのである。自分の政策が一番正しいと思っている。他人の風下には立ちたくない。そのため欲を出し自分の有利な方へ有利な方へと事を進めていく。そこに西郷の言う「己を愛すること」が自然と入ってくる。

『遺訓』の中で「真に賢人と認る以上は直ちに我が職を譲る程《ほど》ならでは叶《かなわ》はぬものぞ」と西郷が言っているように、自分より立派で仕事ができる人が現れたら、自分の職を直ちにその人に譲るということは、大久保、木戸、岩倉にはできない。

一面この権力欲のなさが西郷の政治上の欠点とも言える。毛沢東のように、己の政策を推し進めるためには権謀術数を駆使し、政敵を排除しなければならない。西郷はそれをあえてしようとはしなかった。政治家や指導者の考え方、判断決断はその国の命運を左右する。斉彬と久光の判断決断の違い、討幕の過程におけるそれぞれの指導者の考え方決断の違い、それらによって結果は全く違うものとなった。そして、この判断決断に左右され被害を受けるのは常に国民である。だからこそ、命もいらず、名もいらず、官位も金もいらぬという無私をもって判断決断をするようでなければならない。

欲望はさまざまな形と種類があり、しかも時と場合に応じて強くなったり弱くなったりする。実にコントロールするのは至難の技といえる。政治家や指導者は己の欲を知り、常々コントロールしておくべきである。

西郷は後年「人間一生の修業は欲を離れきることにある。それによって、人間は慈愛に達する。すなわち天地の慈愛と合致できるのである」と言っている。

## 最後の一ドル

最後の一ドルという言葉がある。それは「自分が持っている最後の一ドルを自分以上に必要としている人が現れたとき、差し出すことができる人」ということである。これは人間が目指す到達点の最高のものの一つであると思う。この行為は一万人に一人もできないであろう。

母親がわが子を生かすためであったらできるかもしれない。しかし、他人であれば非常に難しいことである。西郷は「天は人も我も同一に愛し給ふゆえ、我を愛する心を以て人を愛する也」と言っている。我を愛する心を以て愛することであるから、この言葉もつきつめると最後の一ドルになってしまう。

この行動ができる人は誰が何と言おうと偉い。尊敬できる。自己を犠牲にして他を生かす。他を生かすということがすなわち自分自身が生きることになるのだ、という論理があるのであろうか。人間は人類を進化させるために、自己犠牲をいとわない。そんなＤＮＡが人間には組み込まれているのであろうか。

鹿児島南九州市（旧知覧町）の「知覧特攻平和会館」に行ったことがある。昭和二十年の三月から八月まで、十七歳から二十四歳ぐらいの若者千三百人余りが国家の危急を救おうと、二百五十キロ爆弾をつけ片道だけの燃料で特別攻撃隊として沖縄へ向けて飛び立った。彼らの遺書や手紙を読むと、たちまち涙があふれ出てくる。両親のために、兄弟のために、日本に残された人のために、日本の未来のために、当時の風潮があったとはいえ、志願して己の命にかえて他を生かそうとする。これも自己犠牲の一つの華である。

たとえば災害に遭って一人しか生き残れないとしたら、老人が自分は十分人生を生きたということで、若者や子供の代わりに自分が犠牲となり助ける場合もあるだろう。歴史上の人間であろうとなかろうと、純正な自己犠牲は数多くあるであろう。しかし、大半の人は自分が生きていくのに精一杯で、他人のことなどかまっておれないというのが実際であると思う。

西郷が月照と入水自殺したことも、一種の自己犠牲でもあった。西郷は近衛家から託された月照を庇護することができなかった。月照の薩摩藩からの追放は死をも意味していた。月照独りで不安な他国へ行かせることはできない。僧である月照が自殺とは考えにくいが、西郷が自分の責任でもあり自身がお伴をするということで、月照の不安を少しでも和らげようと月照に命を捧げる覚悟をしたのではないだろうか。

一八七四年（明治七年）十一月十六日、月照十七回忌によんだ漢詩がある。

月照和尚の忌日に賦す

相約して淵に投ずる後先無し
豈図《あにはか》らむや波上再生の縁
頭を回らせば十有余年の夢
空しく幽明を隔てて墓前に哭《こく》す

（前もって約束しておいて相抱いて深い海に身を投げたのは全く同時で、少しの後先もなかったのに、同じ波の上で一緒に救い上げられながら、君は遂に生き返らず、自分だけが息を吹きかえしたことは、思いがけない不思議な浮世の縁である。ふりかってその当時を思い出して見ると、はや十何年の昔の夢で、今は空しく生死の境を隔てて君の墓の前にぬかづきやるせない悲しみの涙に沈む次第である）

このときから三年後には、西郷も死ぬことになる。生とは一体なんであり、死とは一体なんであり、人生とは一体何であろうか。そして人間は何を目的として生きたらよいのであろうか。連綿と続く人間の生と死。西郷の言う「天意をよく知る」とは、どういうことであろうか。

民族、国家、一族、家族、親や子のため、大切な人のため、自己の信念や正義のために人間は己の命を犠牲にする。

現代の日本でも、政治家、弁護士、医師など先生、先生と呼ばれ評価されている人も多いが、人間評価のレベルをもっと高いところにおくべきではないだろうか。西郷的松陰的人間が出て来たら非常に嬉しい。会うと涙が出るかもしれない。

## ゆとりをもって、おもしろく生きる

ゆとりと言えば、生活する上での「ゆとり」を考える。それも必要であるが、私が言いたいのは死生を達観したような人間としての「ゆとり」のことを言いたい。若いとき、さまざまな訓練や苦労を自らに課して、人間や人生に対して「ゆとり」を持つということは、何にもまして大切なことであると思う。自分の精神に余裕がある。余裕があると人に寛大になれる。優しくなれる。許すことができる。

たとえばあなたの年齢を三十歳としよう。四歳の幼稚園児があなたに向って「うそつき、バカだ、アホだ」と馬鹿にしたとしよう。あなたは本気で怒るだろうか。四歳の子供と比べれば体の大きさ、年齢、人生経験で絶対的な差があると分かっているので、怒りもしないだろう。

しかし、同じ言葉を同年生か二、三歳年下の者に言われたら、かっと頭に血がのぼり、怒ったり言い返したりして喧嘩になるかもしれない。あなたと相手との間に四歳の子供ほどに絶対的な差がないと分かるので、同じ言葉であってもあなたにまともに影響を与えてしまう。

今度は三十歳のあなたが、体格は同じぐらいとして、キリストや釈迦や孔子に同じことを言ったらどうだろうか。キリストや釈迦や孔子が頭にきたといって怒り出すだろうか。彼らは、あなたが四歳の子供に言われたぐらいの気持ちであろう。同じ人間ではあるが人間の持つ力量に差がある。

仮に力量を数値で表すことができるとしたら、一万の力量を持っている人なら、九千ぐらいは人に出すことはできる。しかし、百の力量であれば九十ぐらいしか出すことはできない。人や世の中に与える影響力も違ってくる。力量が多ければ多いほど、人間としてのゆとりや余裕の大きさに変わってくる。

吉田松陰は二十五、六歳のとき獄中にいたが、ゆとりと余裕をもって獄舎を勉学の教室に変え、十年以上牢にいる囚人を有能という理由で藩に働きかけ六人を出牢させている。司獄（牢役人）も生徒に変え支援者にしている。これは松陰と周りの人との間に格段の力量の差があるからできることである。地球が太陽のまわりを回転するのも、月が地球のまわりを回転するのも、質量に絶対的な差があるからである。松陰は入牢しながら久坂玄瑞や高杉晋作を強烈に動かした。維新をまさに回転させたのである。西郷も修業を重ね徹底して力量を増大させた。

私は若いときから、さまざまな困難に出会って、そしてこれを乗り越えてきた。今はどんなことに出会っても、動揺したりうろたえることは決してない。それだけは幸せと言えば幸せである。

西郷の言葉では「今はどんな事に出会ふ共、動揺は致すまじ、夫れだけは仕合せなり」となる。生死を達観した絶対の自信に満ちた見事な言葉である。これぐらいのゆとりがあれば人生はおもしろく生きられる。そして命を天に返すべきときと判断したら、「晋どん、もうここらでよか」といって命を天に返せばよい。

若者が強くたくましく元気があって明るく志をもって、おもしろく生きてほしい。そのために人間としてのゆとりを持てる訓練を第一にすべきであると思う。奇兵隊を創設し「動けば雷電の如く、発すれば風雨の如し」と評され、幕末を駆け抜け二十八歳と七カ月で息を引きとった高杉晋作の口から出た最後の言葉は「おもしろきこともなき世におもしろく」であった。

## 自分の哲学思想をつくれ

一生一度の人生である。人間というもの、人生というものを探求し、あなた自身の哲学や思想をつくり持つべきである。自分で哲学や思想をつくるのは大変である。しかし、この大変さに挑戦することが人生そのものである。

ここに空のガラスコップがあるとしよう。あなたの頭の中に自身の哲学・思想がなければ、空のコップに水でも入れるように他の哲学や思想が注ぎこまれてしまう。自身で獲得したものではなく他の借り物で満たされ、自分自身ではなくなってしまう。宗教などの教えを受け入れるのも、何も入っていない空のときに受け入れるのではなく、自身の哲学・思想をつくった後に受け入れよ。

さまざまな世界の宗教・哲学・思想・考え方・教えなど皆同様である。自分の哲学・思想は自身でつくるという考えのもとで、他を学び良いところは取り入れるというスタンスでなければならない。自分自身でつくった哲学思想が七割コップの中に入っていたら、他のものは三割しか入らない。

姿、形は人間であるが中身は主体を持たないロボットになるな。苦労してもよい、少しずつ自分の哲学思想をつくれ。

## 勇は養うべし

勇気というものは養わなければならない。西郷は物事を成す上での勇気の大切さを説いている。どんなに仁（慈しみ、思いやり）があっても、どんなに智（知識）があっても、一片の勇がなければ仁も智も役には立たず、本物の仁や智ではない。仁は勇という行動が伴ってはじめて仁という行為になるのである。同様に智も勇という行動が伴わなければ、それは単に知識として頭の中に入っているだけで、本当に知っているとは言えない。

たとえば、蒸気機関車があって水も満たしてある。レールも敷かれてある。しかし、勇という石炭を燃やさなければ、レールの上で停止したままである。仁と智を行動に至らしめるには勇という行動エネルギーが必要なのである。それゆえ、勇気は常日ごろから養い育てておき、いつでも行動エネルギーに点火できるように準備していなければならない。また最初は小さな勇気から少しずつ大きな勇気へと養い育てなければならない。

しかし、それは匹夫の勇（思慮分別がなく、ただ血気にはやる勇気）であってはならない。その勇は孟子の言う天地の間に充塞する正義の気、天地自然の道として人が行う道義にもとづく「浩然の気」でなければならない。この気にもとづく勇気であれば、たとえ目の前に百万人の大敵が現れても、自ら正しいと信じるなら、立ち向かって行くことができる。聖賢の道を志すならば、この勇を養い育てておかなければならない。

現代の日本では勇気ということが取り上げられることは少ないが、私は人間が生きていく上で一番必要なのは勇気でないかと思う。「命もいらず、名もいらず官位も金もいらぬ」という仕末に困る行為も勇気がなければできないことである。人生のさまざまな局面でも勇気が必要とされることはいくらでも出てくる。自分の過ちを直に認めることや、妙なプライドを捨てることや、権威・権力・脅しに屈しないことや、自ら正しいと思ったことができること、これらはどれも勇気がなくてはできないことである。

人生を迷うことなく、強くたくましく生き、そしてなによりも楽しくおもしろく生きるためには勇気が必要であると私は思う。誰しも勇気を本能のように持って生まれるわけではない。生きていく中で自身の勇気を持つほかない。勇は養うべし、養い育てて小勇を大勇に育てなければならない。

# 第四章

# 廃藩置県

# 維新後の西郷

一八六八年（明治元年）四月四日、西郷は勅使橋本実梁を奉じて江戸城にのぼり、徳川本家十六代を継いだ家達より開城引き渡しを受けた。五月十五日上野彰義隊の討伐、八月から北陸出征、九月十四日米沢藩、九月二十四日会津藩、九月二十六日荘内藩が降伏した。西郷は十一月鹿児島に帰る。一八六九年（明治二年）一月伊地知正治の大久保あて手紙に「西郷入道先生も既に四五十日、日当山湯治、犬四五匹、壮士四人同道の由」とある。

このころ西郷は頭をまるめて、坊主となっていた。一八六九年（明治二年）五月一日、函館五稜郭討伐のため応援兵士を引いて鹿児島出発、二十五日に函館到着。すでに十八日に榎本武揚らは投降していたため、六月十五日帰国する。これにより一年半に及ぶ戊辰戦争は終結したのである。

一八七〇年（明治三年）二月、山口における奇兵隊反乱事件の形勢監察に出張する。東北諸藩が降伏したことで完全に討幕は終了したので自分の役目を果たしたと思い郷里に帰り、政界から身を引く決意で頭をまるめたのであろう。西郷は権力闘争がいやであり、権力闘争をする気はなかった。

鳥羽・伏見の戦いのときから、すでに薩長の主導権争いがあった。それに加え後発の土佐藩と佐賀藩は討幕後の新政権内での勢力拡張を狙って、薩長との権力争いを演じていた。新政府発足後もこの様態は変わらず、かえって権力闘争は激化し、権謀術数が渦巻いていた。一八七〇年（明治三年）七月二十七日には、旧薩摩藩士・横山安武（初代文部大臣森有礼の実兄）が、新政府の腐敗を批判して割腹し諫死するという事件があった。

また、このころ政府の高官が利権と蓄財に走っているさまを見て、「義のための戦であったはずの戊辰戦争が、これでは利のための戦いとなってしまっている。戦死者に対し申し訳ないことである」と、しきりに涙を流したと『遺訓』にある。このような政府には西郷はいたくなかったであろう。仮にいたら、西郷のような純正な人間は義憤を感じ第二の維新でも起こしかねなかったであろう。それよりは、上野の銅像にあるような姿で犬を連れ、奄美大島で習った狩りをし、温泉につかって世騒を忘れることを好んだのであろう。これは見方によれば西郷の欠点であり弱点でもある。

本当に西郷が目指す道義国家を建設したければ、権力闘争は望むところであるとし、その戦いに勝ち抜き絶対の権力基盤を確立した上でなければ自己の理想とする国家など成立させ得るものではない。堯・舜のような権力の禅譲など欲望渦巻く権力闘争の中ではありようがない。西郷はそういった意味では、維新後は中途半端であったと言われても仕方がないであろう。

## 当時の政情

一八六九年（明治二年）六月版籍奉還が行われた。領地と領民を朝廷に返した藩主は、新政府から旧領地の知藩事（地方長官）に任命され、旧領地と旧領民の支配を任されていた。つまり版籍奉還の前と変わらず藩政をとっていたのである。各藩主は知藩事になってからも、租税をかつての領民から徴収し藩の兵力も相変わらず握っていた。

この時期、新政府に対する一揆が各地で発生していた。それは版籍奉還後も徴税権を各藩が握っており、新政府は限られた直轄地からの収入で財政を運営しなければならないため、領民に重税を課さざるを得なかったためである。また一八六九年（明治二年）は天候不順が続き東北地方を中心として全国的な凶作であった。各藩においても幕末からの重税や戊辰戦争の戦禍で農民の窮状は限界に達していた。

一方、戊辰戦争の終結で行き場を失った武士階級の不満が増幅し、暴発しようとしていた。現に一八六九年（明治二年）十一月には、旧長州藩で奇兵隊二千人が山口を脱出し反乱を起こしていた。こうした不安定な世相の中にあって新政府には兵力と徴税権がなかった。諸藩の中には、藩政改革を行って自藩を強くし、第二の戊辰戦争に備えようという動きも出ていた。

このような中で中央集権化は新政府にとって急務であった。そのため政府では強固な中央集権体制を確立するための論議が重ねられ、廃藩置県論が高まっていった。

## 西郷の利用

二百六十一藩を廃止し徴税権と軍事力とを取り上げ、県を置き政府が任命する県令を配さなければならない。それには相当な抵抗が予想され、下手をすると大混乱をきたし、不平士族らの反乱のきっかけともなりかねない。そして戊辰戦争以上の内戦に発展しないともかぎらない。廃藩置県は一挙に行う必要があり、ある面でクーデター的要素があった。

この計画は三条実美や岩倉具視にさえ伝えられず、大久保、木戸、山県有朋、井上馨らで進められた。全国には百五十万人の職を失った士族があふれている。新政府には兵力はなく財政も乏しい。このような状況の中で無謀とも思える計画を実施しようというのである。大久保はこの計画をスムーズにかつベストの状態で成功させる方策を考えた。それは西郷にやってもらう以外にない。

幕末動乱を薩摩軍を率いて戦い、征東軍大総督府参謀として官軍を指揮し戊辰戦争を戦い、士族に絶大な信頼と人望のある西郷を前面に立てれば、不平士族もむやみに抵抗はしないであろう。薩長土肥の兵力の中でも圧倒的な兵数を誇る薩軍が中心になるであろう。それをまとめ動かせるのは西郷以外にはいない。長州の兵も奇兵隊が反乱を起こすようでまとまっていない。

そういった意味では、廃藩置県を実行に移す代表者は大久保であってはならず、まして木戸であってはならなかった。結局は鹿児島に引き籠もっている西郷を無理矢理引っぱり出し政局に復帰させて、「西郷隆盛」というブランドを利用して廃藩置県を行うことがベストの選択肢となった。

そこで政府は一八七〇年（明治三年）十二月勅使として岩倉具視を鹿児島に向わせ西郷に上京の勅命を伝えた。岩倉に同行した大久保と山県は西郷に廃藩置県の主旨を説き、上京するよう説得した。西郷は政府の政策すべてを一任するという条件のもとに応諾し、一八七一年（明治四年）一月上京し太政大臣三条実美と会い、薩長土三藩の兵を東京に徴集することを決めていったん帰国する。四月知藩事忠義とともに歩兵四大隊と砲兵四隊を率い再び上京する。二月十三日、薩長土に御親兵招集の命令が下り、初めて政府直属の軍隊一万（薩摩藩歩兵四大隊・砲兵四小隊・土佐藩歩兵二大隊・騎兵二小隊・砲兵二隊・長州藩歩兵三大隊）が誕生し東京に集結することになった。

## 廃藩置県

一八七一年（明治四年）六月、西郷は木戸とともに参議となる。これにより代表参議となった西郷を中心に廃藩置県の準備が進められた。同年七月九日木戸孝允の屋敷で西郷、木戸、大久保、井上馨、山県有朋、西郷従道（西郷の弟）、大山巌が出席した秘密会議が行われ、そこで廃藩置県の断行が決定された。七月十四日に東京にいた知藩事五十六人が宮中に呼び出され、廃藩置県の詔書が下された。

これにより二百六十一藩は廃止され、全国に三府三百二県が置かれた。知藩事は免職となり各県（旧藩）には新政府から県令（地方官）が派遣され、地方行政にあたることになった。廃藩置県は各藩の知藩事にとって寝耳に水であったが、新政府の首脳たちが心配したような騒動や反乱は起こらず非常にスムーズに進んだ。

「第二の維新」とも呼ばれる廃藩置県を成功させた新政府は、さっそく政治組織を改変し、太政官を正院・左院・右院とし、その下に省庁を置いて中央集権体制を完成させた。成立して三、四カ月後の一八七一年（明治四年）十一月七日には岩倉・大久保・木戸ら一行遣欧米使節が横浜を出発した。

それから一年八カ月後に帰って来たら直ちに征韓論争に突入するのである。後世の人間である私の目でみると、大久保は人のよい西郷を利用している。西郷自身も度量が大きいから利用されると分かっていながらも、日本がよくなることであれば大いに利用されようと思っていたであろう。しかし、西郷も生身の人間であるから、征韓論争で下野させられてからは、日本を大久保流の政治手法に任せてよいものかと少なからず思ったであろう。帰国後の大久保の行動を見ていると、留守政府の西郷や江藤、板垣、副島といったいわば西郷派に、政府内に権力基盤をつくらせてはならないという考えからの行動である。

廃藩置県後の政府の組織改変で、大久保は自ら全国の徴税権と財政を掌握する大蔵省の長となり、廃止された民部省の機能・権限までも大蔵省に組み入れ、中央集権化された地方官の任免権を大蔵省に持たせて自己の立つ基盤を強大にした。洋行に際しては、その基盤を堅守させるため右腕ともいえる井上馨を大蔵大輔《たいふ》（次官）とし、後顧の憂いをなくした。しかしながら、帰国してみると井上は司法卿江藤新平に汚職事件でたたかれ、大久保がせっかくつくった権力基盤が弱体化していた。

征韓論は緊急の案件ではなかったはずであり、西郷らと是々非々を話し合い、大久保の力をもってすれば解決できない問題ではなかったはずである。しかし、大久保は自己の政権構想の後退と権力基盤の低下を恐れ慌てて感情的になり、西郷を政権から追い落とすことを決意した。西郷の性格も計算し、自ら参議となり征韓論争に臨んだ。

結果は大久保の勝利である。西郷の言う「廟堂《びょうどう》に立ちて大政《たいせい》を為《な》すは天道を行ふものなれば、些《ち》とも私を挾《はさ》みては済まぬものなり…真に賢人と認める以上は、直に我が職を譲るほどならでは叶《かな》はぬものぞ…」は、大政治家大久保利通をもってしても難しいことである。

## 百年後の廃国置県

西郷の壮大な漢詩を紹介する。

宇宙由来日赴新（宇宙由来《ゆらいひ》日に新に赴き）
数千里外巳如隣（数千里外巳《がいすで》に隣の如し）
願知四海同胞意（四海同胞《しかいどうほう》の意を知らむと願わば）
皇道頻敷萬国民（皇道頻《しきり》に万国の民《たみ》に敷《し》け）

（世界はもともと日に新たに、また日に新たに進歩している。今日ではもはや、何千里も遠く隔たっている海外諸国がまるで隣に見たように近くなっている。四海同胞という語もよく使われているが、世界中の人は昔同じ胞《はら》から生まれた兄弟同然だというこの語の真の意味をよく知りたいと思うならば、我が日本の天子様の大御心の顕現である仁慈の皇道をしきりに世界万国の民に敷き及ぼせ）

『遺訓』では皇道を「我が日本の天子様の大御心の顕現である仁慈の皇道」と訳している。当時の西郷がどういう意味で「皇道」という文字を用いたのであろうか。皇道といえば皇国につながり、戦前の皇国思想のようで嫌だと思うかもしれない。小さなことにこだわるようであるが、西郷は誤解されやすいので、皇道という言葉について考えたい。

西郷には「敬天愛人」にもとづく天の思想がある。西郷が意味する「天」とは、「万有の根源のことであり、その天の機能は仁愛である」と考えている。

西郷の天子（天皇）や大名に対する考え方は沖永良部島に流されているとき、土持政照に島役人の心構えを説明した『与人役大体』に出ている。日本に天子がいて大名がいる、その存在意義は何なのか、またその役目は何なのか。当時の土持政照に分かりやすく説明した。

天は万民を慈しみ、仁愛をほどこし、そして人に人の道を行わせたい。それを直接に天が行うことはできないので、まず天子を立てて代行させている。また天子一人では、その仕事を行うことはできないので諸侯（大名）にその業務を代行させている。役人も同様であり、結局はすべて民（国民）のために天が自らの役目を天子以下に代行させているのだと説明している。

また、民（国民）の意思は天の意思であるとも言っている。そういった意味では、西郷の考えは現代民主主義の主権在民の考え方であり、さらにその上に、民主主義で前面に出がちなエゴを少なくし一人ひとりが人としての道を生きてほしいということである。『遺訓』に「廟堂に立ちて大政を為すは天道を行ふもの」ともあるので、ここでは皇道を天道と解釈した方が良いと思う。

「道は天地自然の物なれば、西洋と雖も決して別無し」と言っている。この詩をあらためて読むと西郷がいかに雄大な考え方をしていたかが分かってくる。天の思想を人の道を世界に広めようと言うのである。西洋、東洋と人種は関係ない。人類全体に人の道を及ぼそうというのである。この西郷の突き抜けたような考え方は、他の幕末明治の志士にないものである。多くの人が西郷を理解しがたいとし、理解したとしてもその人のレベルで理解しているだけで、全体をつかみにくいというのは、当時このような考えを持っていたからである。

万物は生成発展を繰り返し、地球を含む大宇宙もまた生成発展している。それは瞬時といえど止まることなく、発展し変化している。西郷が沖永良部島に流されたときは、風待ちをして帆を張って走る船であったが、赦免され帰るときは蒸気船であった。このように人間の科学技術の進歩はめまぐるしく数千里離れたところにいる欧米人が隣にいる人のようであると西郷は言っている。

今日、イギリス、フランス、アメリカまで飛行機で十何時間である。人間の科学技術は日進月歩で進み、そのスピードはだんだん速まっている。人は月に行き宇宙ステーションをつくり、原子力を利用し、パソコン、携帯電話を開発するなどその進歩はとどまるところがない。科学技術は驚異的な発展を遂げたが、一方では西郷のいう文明（道のあまねく行はるるを賛称せる言）はあまり進歩していない。

人類は第一次、第二次の世界大戦を繰り返して教訓としたはずであるが、いまだに戦争と紛争は終わることがない。今でも地球上には何億人もの飢餓状態の人がいるが、これらを放置したかのごとく、世界は何ら有効な手段を打てないでいる。資本主義・物質主義の悪い面が多く現れ、自分さえよければというエゴが少しずつ住みつき増殖してきている。

西郷は四海同胞という言葉を用いている。江戸時代の日本にあった二百六十一藩はそれぞれ独立国であった。明治になり一つの国となることで日本人という同胞となった。それと同様に四海を隔てているとはいえ、天の目から見れば世界の国々の人も同じ人間であり人類である。日本人は同胞であるが万国の民も同胞であると言っている。そして日本人が道を行い、日本国が道を行う国となり、それを世界各国の国民に敷き及ぼせと命令している。それぐらいの気魄を感じる西郷の詩である。

現在の地球上を見てみると、独立したそれぞれの国だけでは解決できないことが増えている。それは超大国といわれるアメリカについてもあてはまる。局地戦争・紛争、温暖化による環境問題、南北問題、食糧問題、エネルギー問題と世界規模の対策がなければ、とても解決できる問題ではない。人類はそのときどきの時代の必要に応じて、国家や組織の統合と分離を繰り返してきた。今、世界の大きな流れを見るとき、統合に向って進んでいるのではないだろうか。

現に小さな分離独立はあるが、それは流れにまかせ、分離独立すべきはどんどん分離独立させてしまう。そして大きな流れは、日本で廃藩置県があり一挙に藩（国）がなくなったように、百年後、二百年後かわからないが世界にある国家が「廃国置県」となり、世界が一つの国家となることが自然の流れのように思える。戦争や環境問題といった地球規模の問題は、そうでもならなければ解決できない。それは全くできないことではない。すでにヨーロッパ連合（ＥＵ）が存在している。

人類は解決策を模索している。アメリカがアメリカ県となり、中国が中国県、ロシアがロシア県となり、世界二百カ国すべて地方（県）となる。それが西郷の言う「四海同胞の意」とは言えないだろうか。

# 第五章　西郷と政治

## 政治は誰のために行うのか

こう問われたら、西郷であれば即座に「国民のためである」と答えるだろう。現在の日本は主権在民、国民主権である。

政治家は主権者である国民一人ひとりの主権の代行者として存在している。日常生活に追われている普通の一般の国民は、政治や国のことをほとんど考える時間がなく、国の経営まで頭がまわらない。だから政治家に国の経営を委託し、業務を代行させているのである。いわば日本の命運を政治家にゆだね、大げさに言えば自らの命を預けていることになる。政治家とはそれほど重大な仕事である。

ゆえに西郷は、その行動が地位や名誉のためであってはならず、ましてや金のためであってはならないと言っている。政治とは、直接に国家の盛衰にかかわり、国民の幸不幸を左右する重要な仕事である。古来、その時代その国に人（政治家）を得るか否かで国家の存亡が決まるともいわれている。

しかしながら、日本のような民主主義の国であっても政治家には権力が集まり、そしてその権力を行使できる仕組みになっている。政治家というものが、地位も名誉もあれば、金も集まりひとつの財産として子々孫々に受け継がせたいものと、政治家自身が思ってはいないだろうか。現在の世界を見ても、十八世紀十九世紀の封建時代や帝国主義の時代ではないかと思えるほどの独裁体制をとっている国も現実にある。国家というものではなく、独裁者一家が国の様相を形づくっているだけで、そして国民はまさに一家の下僕と化している国もある。

主権在民という民主主義の日本ではあるが、一人ひとりの国民が面倒なようでも主権在民の意識を持ち、政治家に主権の執行を代行させているのだという自覚がなければ、愚民政治に流される可能性がある。結局はその国の国民のレベルに応じての政治となる。政治というものは権力の行使を伴う。国民が政治家にその行使を委ねて、かえって国民が苦しめられる場合もある。それゆえ政治を行う者はかくあるべきだと、その心構えを西郷は『遺訓』で述べている。

「廟堂《びょうどう》に立ちて大政を為すは天道を行ふものなれば、些《ち》とも私を挟《は》みては済まぬものの也。いかにも心を公平に操《と》り、正道を踏み、広く賢人を選挙し、能《よ》く其職に任《た》ふる人を挙げて政柄《せいへい》を執《と》らしむるは、即ち天意也。夫《そ》れゆえ真に賢人と認むる以上は直《ただち》に我が職を譲《ゆず》る程ならでは叶《かな》はぬものぞ。故に何程国家に勲労《くんろう》有り共、其職に任《た》へぬ人を官職を以て賞するは善からぬことの第一也。官は其人を選びて之を授け、功有る者には俸禄《ほうろく》を以て賞し、之を愛し置くものぞと申さるるに付、然らば尚書仲虺《ちゅうぎ》之誥に『徳懋《さか》んなるは官を懋んにし、功懋《さか》んなるは賞を懋《さか》んにす』と之れ有り、徳と官と相配《あいはい》し、功と賞と相対するは此の義にて候ひしやと請問《せいもん》せしに、翁欣然《きんぜん》として、其通りぞと申されき」（『遺訓』一項）

（政府にあって国のまつりごとをするということは、天地自然の道を行うことであるから、たとえわずかであっても私心をさしはさんではならない。だからどんなことがあっても心を公平に堅く持ち、正しい道を踏み、広く賢明な人を選んで、その職務に忠実にたえることのできる人に政権をとらせることこそ天意である。だからほんとうに賢明で適任だと認める人がいたら、すぐにでも自分の職を譲るくらいでなくてはいけない。従ってどんなに国に功績があっても、その職務に不適任な人に官職を与えてほめるのはよくないことの第一である。官職というものはその人をよく選んで授けるべきで、功績のある人には俸給を与えて賞し、これを愛しおくのがよい、と翁が申されるので、それでは尚書〈中国の最も古い経典、書経〉仲虺《ちゅうき》〈殷の湯王の賢相〉の誥〈官吏を任命する辞令書〉の中に「徳の高いものには官位を上げ、功績の多いものには褒賞を厚くする」というのがありますが、徳と官職とを適切に配合し功績と褒賞とがうまく対応するというのはこの意味でしょうかと尋ねたところ、翁はたいへん喜ばれて、まったくその通りだと答えられた)

西郷のこの言葉を見ると大久保や岩倉や木戸、山県、大隈といった明治政府の中枢の人たちが正常であり西郷は異常である。権力は闘争と権謀術数で手に入れるもので、いったん握った権力や権限は放さない。己のスタンスで政治は行うべきで、多少の役得は当然のことである。それなりの地位と名誉と報酬は当たり前で、税は取れる者から取れるだけ取っておく。これが普通である、とするのが大久保や岩倉の考えであれば、西郷の考え方は普通では持ち得ない考え方になり異常であろう。

大久保、岩倉、木戸らの人間は、日本史の中でも世界史の中でも類型がある人物である。政治を天道を行ふもの、正道を踏むと考える人は現代の日本でも世界でもいない。政治に対する考え方が明らかにほかの人たちとは違っており、自分をどう処理したらよいか、政権内で独り浮き上がって悶々としていた西郷の様子が目に浮かぶようである。

## 政治という行為

政治家は一般の人から「先生、先生」と呼ばれている。市町村議員よりは県議会議員の方が「偉い」とみなされ、県議会議員よりは国会議員が「偉い」とみなされている。人は「先生」と呼ばれると悪い気はしない。いつもそう呼ばれていると立派でなくとも、ついつい偉ぶってくる。

政治家は国民の主権を代行させてもらっているのであるから「議員」と呼ぶべきで「先生」とは言わない方がよい。「先生」といわれると、「俺はお前たちとは違うんだ」というような妙な選民意識が出てこないともかぎらない。国民の主権をまかせてあげているのだから、任せている側が、任せられている側をきちっとその職務を行っているかどうか監視しなければならない。しかしながら、権限を与えているので、任せられている側が任せている側を動かしてしまう。そこに政治という行為の恐ろしさがある。現代は民主主義という、確かに理想に近い政治形態ではあるが、常に改善と修正を加えていかなければ、民主主義という専政・圧政が起こらないともかぎらない。

「万民の上に位する者、己れを慎み、品行を正しくし、驕奢《きょうしゃ》を戒《いまし》め、節倹を勉め、職事に勤労して人民の標準となり、下民《かみん》其の勤労を気の毒に思ふ様ならでは、政令は行は難し。然るに草創《そうそう》の始《はじめ》に立ちながら、家屋を飾り、衣服を文《かざ》り、美妾《びしょう》を抱《かか》へ、蓄財《ちくざい》を謀《はか》りなば、維新の功業は遂げられ間敷《まじき》也。今と成りては、戊辰《ぼしん》の義戦も偏《ひと》へに私を営みたる姿に成り行き、天下に対し戦死者に対して面目無きぞとて、頻《しき》りに涙を催されける」（『遺訓』四項）

〈多くの国民の上に立つ者〈施政の任にある者〉は、いつも自分の心を慎み、身の行いを正しくし、おごりやぜいたくを戒め、無駄を省きつつましくすることに努め、仕事に励んで人々の手本となり、一般国民がその仕事ぶりや生活を気の毒に思うくらいにならなければ政府の命令は行われにくいものである。しかしながら今、維新創業のときというのに、家をぜいたくにし衣服をきらびやかに飾り、きれいな妾を囲い、自分一身の財産を蓄えることばかりをあれこれと思案するならば、維新のほんとうの成果を全うすることはできないであろう。今となっては戊辰の正義の戦いもひとえに私利私欲をこやす結果となり、国に対しまた戦死者に対して面目ないことだと言ってしきりに涙を流された〉

政治という行為には権限が伴ってくる。それゆえどうしてもその行使された権限には国民は従わざるを得なくなる。

日本国憲法には、公務員は国民全体の奉仕者であり、一部の奉仕者であってはならないと明記されている。しかしながら、大臣や官僚のトップである事務次官は、苦労してやっと手に入れた地位であるとの思いが強いので、全体の奉仕者という意識にはなりにくい。これ以外の公務員でも、勉強して試験に合格し自分の力でなったのであるから、業務の遂行と自ら属する組織の維持には忠実であっても、国民全体の奉仕者としての意識は薄い。

ほとんどすべての経費が税金でまかなわれ、支出するときの決済も数字の確認だけであるため、何億の金であろうと表示された「数字」という感覚になってしまう。民間の企業のような損益や経費意識がほとんどない。予算は要求するものであり、概算として多めに要求するのが常識となっている。しかも、獲得した予算は年間で使い切らなければならない。人の金（税金）だからいくら使っても自分のふところは痛まない。各省庁から地方の機関に至るまで概算で要求し、使うことばかりにエネルギーをかけ、節約をしようとせず、不足すれば増税で補おうなどと横着な考えを持っている。

西郷に言わせれば、国民の血税を使うのであるから、政治家や公務員は「己れを慎み、品行を正しくし、驕奢を戒め、節倹を勉め、職事に勤労して国民の標準となる」ことは当たり前である、しかもその税金から給料・ボーナスをもらっているのだから、なおさらのことであると指摘するだろう。

しかしながら、西郷が言っていることを実行できる政治家や公務員は、明治の時代であっても現代でも、十人に一人いるかいないかである。むしろ、「家屋を飾り、衣服を文り、美妾を抱え、蓄財を謀る」ことが普通である。自分のお金ならまだしも、血税でそうさせないためには、これらの我欲があるのは普通であるという前提のもとに、この我欲が出にくいような仕組みを創る以外にないのである。

国家運営の実務は公務員が担っている。最近の汚染米事件や年金改ざん問題にしても、公務員が起こすさまざまな問題は今に始まったことではない。江戸時代にも、明治・大正・昭和・平成と役人、官僚、公務員による汚職などの問題はいつの時代にもあり、これからも連綿と続くことである。これを防ぐためには、仕組みや制度をどんどん変えていく以外にない。

国や地方のために働いているのだから身分や生活が保証されるのは当然のことであると言うかもしれないが、実際に不適格な人がいるのも事実である。定年までの終身雇用であり、民間企業のように不適格といってクビにすることは簡単にできない。いったん公務員に採用されたら九八％以上の人は定年まで辛抱している。地位にしがみつくようになってしまう。

終身雇用の必要性がないところは十五年年期奉公制にするとか。民間企業のスピード効率を取り入れるとか。財源が税金だからできる概算要求制をなくすとか、さまざまな制度改革や仕組みを取り入れることによって、消費税率を上げなくても済むぐらいの節税になるはずである。税を徴収し使う側の人間（政治家、公務員）が権力・権限を持つことになるのであるから、西郷の言う「万民の上に位する者、己れを慎み、品行を正しくし…」となるようにするためには、何度もいうように仕組みや制度を徹底して変える以外にない。

## 政治は理想と完全を求め進化すべきである

「政治がよくなければ、常に難儀をするのは民（国民）だ」

これは西郷の終生変わらぬ考え方である。西郷が理想とする政治は堯・舜の治世である。『遺訓』の中で「堯舜を以て手本とし、孔夫子を教師とせよ」「堯舜は天下に王として万機の政事を執り給へ共、其の職とする所は教師なり」と言っているところから見てもそうである。西郷の思想である「敬天愛人」を実践しようとするとき、政治のモデルとなるのは堯・舜の政治であろう。

己が聖賢の道を目指したように、国家もまた国家の聖賢を同じように目指すべきである。そうしてこそ、国家を形成している国民が安心して安全に生活でき、人の道を行うことができるのである。現代の世界の国においても民主主義が多数を占め、一部に共産主義国家がある。

人類は現在に至るまで長い年月を費やし、さまざまな試行錯誤を繰り返して民主主義と共産主義という二つの国家を統治する形態を生み出した。要は国家を構成している国民にとって、より公平でより公正でより民意を反映しているのが民主主義・自由主義ということである。

しかしながら、世界の大勢を占めている民主主義国家においても、少しずつ資本主義・自由経済といった面で歪みが出てきている。古来、政治体制の固定化と行き詰まりは人類に革命と戦争という被害をもたらした。現今の世界情勢を見てみると、地球的な環境問題、資源問題、南北問題があり、民族紛争や局地戦争も相変わらず起きている。西郷の「敬天愛人」にはほど遠く、人々が道を行う環境ではない。

人類はよりよい政治体制を模索し、理想に向かって進化し続けなければならない。人は「西郷の政治思想は古く陳腐である」とよく言うが、明治に西郷が目指したであろう道義国家を世界で建設したためしはないのである。人類は今こそ民主主義自由資本経済の改善を試みるべきときではないだろうか。国民一人ひとりがゆとりを持って楽しく健康に生きられるようにするには、どうしたらよいのか。いかなる政治システムであるべきなのか。

日本の政治は世界に誇れるものであり、すばらしい国であると私は思っている。しかし、格差が現れ出しており、わがままが人の心に少しずつ入り込んでいる。

## 西郷が目指した明治国家

極言すれば、民主主義の戦後日本のような国であろう。ただし、敗戦によりアメリカに押し付けられた民主主義ではなく、日本民族・国民が主体性を持った民主主義が西郷が目指した国家像だろう。これが西郷が理想とする堯・舜の治世に近く、『遺訓』にある西郷の言葉、性格、そして「敬天愛人」の思想を併せ考えると、西郷が目指した国家は、主体性を持った上での現在の日本のような民主主義国家ということであろう。

西郷の考えた新国家建設の手順を見てみよう。第一に新国家の基本の経営方針を決めることである。二百六十年続いた幕藩体制から新しい体制をつくらなければならない。戊辰戦争もあったが内戦といえるほどでもなく、討幕は江戸城の無血開城により一年もたたず終了した。幸いに欧米列強の干渉も受けなかった。これをよしとし、日本を世界の中でどういう国にしていくべきかという基本方針を決めることが第一になすべきことと考えた。それは『遺訓』八項で次のように述べている。

「広く各国の制度を採り開明に進まんとならば、先づ我国の本体を居《す》え風教を張り然して後徐《しず》かに彼の長所を斟酌《しんしゃく》するものぞ。否《しか》らずして猥《みだ》りに彼れに倣《なら》ひなば、国体は衰退し、風教は萎靡《いび》して匡救《きょうきゅう》す可からず、後に彼の制を受くるに至らんとす」（『遺訓』八項）

（広く諸外国の制度を取り入れ、文明開化をめざして進もうと思うならば、まずわが国の本体をよくわきまえ、風俗教化の作興に努め、そして後、次第に外国の長所を取り入れるべきである。そうでなくて、ただみだりに外国に追随し、これを見ならうならば、国体は衰え風俗教化はすたれて救いがたい有り様になるであろう。そしてつい

には外国に制せられ国を危うくすることになるであろう）
しかし、西郷以外はそうは考えなかった。大久保、岩倉、木戸といった政府首脳は、欧米列強の強大さを恐れるあまり、いち早く彼らの制度と技術を取り入れ追いつけ追い越せの強迫観念にかられ、彼らを真似ることを第一とした。
明治になって、洋行した政府のある高官が西郷に「西郷さんも洋行して欧米の文明に触れ、見聞を広められたらどうですか」と言ったという。この高官は西郷を頑迷固《がんめいこ》陋《ろう》な過去の人物のように考え、欧米の進んだ科学技術を目の当たりにしたら少しは目が覚めるだろうとでも思っていたのであろう。信長は宣教師フロイスから地球儀を贈られ、地球は丸いと本質的に分かったという。西郷は信長レベルの人間である。外国に行かずとも、欧米列強の本質を見抜きその科学技術のレベルもある程度は把握していたはずである。
薩摩藩では五代友厚らをイギリスへ留学させ、そして一八六七年（慶応三年）の第二回パリ万国博覧会に家老・岩下方平を派遣し「日本薩摩琉球国太守政府」と名乗らせ、独立国として参加させていた。彼らをとおして、イギリスやフランスの社会体制や科学技術の程度も知っていたであろう。レベルの高い勝海舟の目で見たアメリカの情報、そして西郷自身が会ったイギリス公使パークスやその通訳のアーネスト・サトーと会うことで列強の外交政策と欧米人のものの見方や考え方を分っていた。さらに、なによりもこれらより以前、島津斉彬の秘書官として将軍継嗣問題で一橋慶喜擁立運動で動いているとき、西郷は主君であり師でもある斉彬を通して欧米列強の情報を知り日本を改革し欧米に対峙できる国にするための手順を教えられていた。

ここで西郷に多大な影響を与えた斉彬の考えと行動を記してみる。

・一八五一年（嘉永四年）二月、十一代目薩摩藩主になる
・同年琉球から来たジョン万次郎を鹿児島に滞在させ、アメリカの情報を聴取し、藩士に造船法を学ばせる
・一八五二年（嘉永五年）製煉所、溶鉱炉、反射炉の建設に着手する
・一八五三年（嘉永六年）琉球大砲建造に着手する。蒸気船の建造に着手する
・一八五四年（安政元年）幕府に日の丸の旗を日本国惣船印とすることを建議し、認められる。洋式軍艦「昇平丸」を日本で最初に建造し完成させる

・一八五五年（安政二年）日本初の国産蒸気船「雲行丸」の試運転に成功する
・一八五六年（安政三年）大規模なガラス製造を開始する
・一八五七年（安政四年）磯に行き反射炉を視察する。磯の工場群を「集成館」、鶴丸城内の製錬所を「開物館」と命名する
・一八五八年（安政五年）鹿児島を訪れた勝海舟に会う。咸臨丸を視察する
・同年七月十六日、病により死去する。明治維新になる十年前のことである

「日本をして世界に冠たらしめんと思ふ」。これは『島津斉彬言行録』にある斉彬の言葉である。斉彬は殖産興業により産業を振興し、富国強兵策で国力を増すことが日本にとって最重要で第一になすべきことであると考えた。それが欧米列強の日本への侵食を防ぎ、彼らと対等に付き合えることであると考えていた。そして、そのための一つの手段として現在ある幕府を改革し、その任に当たらせようとしたのが一橋慶喜擁立運動であった。

しかし、斉彬とともに幕政改革に尽力していた老中・阿部正弘が一八五七年（安政四年）に急死し、一橋派にとって大きな打撃となった。幕府による日本の改革が仮に

できなかった場合の次の手として、斉彬は討幕をも視野に入れた考えを持ち準備を進めていた。その事例として次に紹介するのは、海音寺潮五郎著『西郷隆盛』に掲載されている資料である。

「安政四年八月から九月の間に斉彬は数回家臣市来四郎と琉球在番奉行の高橋縫殿《ぬい》とを呼んで、次の条々を密命した。

一つ、琉球に行き、在琉のフランス人らと交際し、彼らの様子をよく察した上、大小砲ならびに航海の用具一式そろえた蒸気船を二艘（一艘は商船、一艘は軍艦）買い入れる約束をし、また琉球、大島、追っては山川港で貿易を開始するよう話を進めよ。〈この琉球・大島・山川に貿易港をひらくことは、琉球解放につながる。これによって、後に斉彬は不慮の死を遂げなければならないことになる。〉

二つ、小銃製造の器械を十余台注文して取寄せよ。一台につき一年に五千梃ないし七千梃の製造能力のある器械である。

三つ、右の蒸気船と小銃製造器械の代金支払いは、三、四年の年賦にすることに交渉せよ。

四つ、琉球から三、四人、薩摩から五、六人の少年をえらび、英・仏・米に分遣留学させることを交渉せよ。

五つ、台湾に中国との貿易の中継地を設けよ。

六つ、福建の琉球館を拡張し、中国との貿易を拡大する計画を進めよ。

七つ、旧式廃銃砲を中国政府に売りこむ運動せよ。

この内旨によって、市来は琉球にわたり、在琉のフランス人と会って話を進めた。フランス人らは大いに喜び、交渉はすべて決定した。市来はまた琉球商人の名目で中国に渡り、北京で軍部大官に会って廃銃砲売渡しの話をとりきめた上、天津、上海、広東等にも行き、それぞれの地における欧米人の状況をも視察して帰っている。

斉彬の命じたことのうち、琉球政府に琉球国が購入するという名目で、那覇に在留しているフランス人ラウレル、メルメの二人を通じて、軍艦・汽船・銃器製造器械等を買入れる交渉をさせる件も、旧銃器を中国政府に売りつけることも、薩摩と琉球から留学生を出して欧米各国へ派遣する件も、皆うまく行った。

艦船と機械購入のことについては、琉球政府が中国をはばかって、なかなか承諾しないので、市来は一策を案じて、琉球と日本九州との間に渡佳良《とから》という国があり、そこが購入するということにし、彼自身、渡佳良《とから》国の役人伊知良親雲上《いじらしんうんじょう》と名乗って、琉球政府の異国通事である牧志《まきし》朝忠《ちょうちゅう》を通訳として、フランス人らに交渉し、フランス人らとともに中国に渡り、福州に駐箚《ちゅうさつ》しているフランス領事を立合人にして仮契約を結んだ。廃銃を中国政府に売り込むことは、やはりその時、中国商人らと談合して、北京まで行き、担当大臣と会って、持って行きさえすれば買ってもらえるという約束をとりつけることが出来た。斉彬は諸藩の注文を引受けて新式銃を造ってやると共に、諸藩の廃銃を一手に買占めて中国に売り出す計画だったのである。留学生の世話のことも、やはりその時フランス領事の最も好意ある承諾を得た。

市来は中国の諸貿易港の景況を視察して、琉球にかえり、書面をもって斉彬に委細を報告し、フランス人との正式契約書を交換する裁可をもとめた。斉彬は市来の労をねぎらって賞詞をあたえ、契約書のことは裁可してやった。

これは斉彬が引兵上京の決意をして、連日錬兵している時であった。だから、市来が斉彬の返書を受取り、フランス人等と契約書をかわして数日後には、斉彬は発病し、さらに数日後には死んだのである。

以上のように、斉彬は将来を見通して、遠大な計画を進めていたのだ。彼がいかに雄渾博大な構想をえがき得、またそれを実行し得る力ある人であったかが、よくわかるのである。おしいかな、この翌年初秋、急死し、計画はすべて空しいことになった」

（海音寺潮五郎著『西郷隆盛』）


斉彬は一八五八年（安政五年）の時点でこれだけの手配りをしていた。斉彬がもう少し長く生きていたら、維新も違った形になったであろうといわれるのは、うなづけることである。

西郷にしてみれば、維新の十年以上前に薩摩藩では独自で蒸気船を造ることができたのである。日本の民力をもってすれば、欧米の進歩している科学技術や産業を取り入れ、それを自国のもととするのはわけがない。急ぐ必要はない。それよりは新しい国の経営理念や運営方針を決定することが先決である。

世界中どこの国家といえども、国民一人ひとりが存在することで成り立っているのであるから、その国民一人ひとりの活力を増大させるような国の体制にすることが一番重要である。そうすれば、国民の勤労レベル、教育レベル、道徳レベルはいやが応でも高くなる。そうなれば、当然科学技術や産業技術もついてくる。そうしてこそ、世界に冠たる日本をつくれるのではないか。西郷が言いたいのはこういうことである。

## 西郷と文明開化

次の『遺訓』十一項は、ザンギリ頭をたたけば文明開化の音がするといわれた明治初年ごろの西郷の人柄・性格・考え方・そしてやさしさ思いやりが表れている。

「文明とは道の普《あまね》く行はるるを賛称《さんしょう》せる言にして、宮室の荘厳《そうごん》、衣服の美麗、外観の浮華《ふか》を言ふに非ず。世人の唱ふる所、何が文明やら、何が野蛮やら些《ち》とも分からぬぞ。予《よ》、嘗《かつ》て或人と議論せしこと有り、西洋は野蛮ぢゃと云ひしかば、否《い》な文明ぞと争ふ。

否な否な野蛮ぢゃと畳みかけしに、何とて夫れ程に申すにやと推せしゆえ、実に文明ならば、未開の国に対しなば、慈愛を本とし、懇々説諭して開明に導く可きに、左《さ》は無くして未開蒙昧《もうまい》の国に対する程むごく残忍の事を致し己れを利するは野蛮ぢゃと申せしかば、其の人口を萏《つぼ》めて言無かりきとて笑はれける」

〈文明というのは道理にかなったことが広く行われることをたたえていう言葉であって、宮殿が大きくおごそかであったり、身にまとう着物がきらびやかであったり、見かけが華やかでうわついていたりすることをいうのではない。世の中の人のいうところを聞いていると、何が文明なのか、何が野蛮〈文化の開けないこと〉なのか少しも分からない。自分はかつてある人と議論したことがある。自分が西洋は野蛮だと言ったところ、その人はいや西洋は文明だと言い争う。いや、野蛮だとたたみかけて言ったところ、なぜそれほどまでに野蛮だと申されるのかと力をこめて主張するので、もし西洋がほんとうに文明であったら、未開国に対してはいつくしみ愛する心をもととして懇々と説きさとし、もっと文明開化へと導くべきであるのに、そうではなく、未開で知識に乏しく道理に暗い国に対するほどむごく残忍なことをして自分たちの利

益のみをはかるのは明らかに野蛮であると申したところ、その人もさすがに口をつぐんで返答できなかったよと笑って話された）

西郷が言っていることは実に正しい。多くの人々は表面ばかり見て、事の本質を見ようとしない。あるいは本質を見抜く力がない。西洋人（白人）が地球上で行って来たことを見れば西郷の言っていることが理解できる。

大航海時代、インカ・アステカ文明を滅ぼし、中南米で先住民を殺戮。アフリカで奴隷貿易を繰り返し、帝国主義時代には世界中で植民地化を競い合った。我欲が強くわがままで横暴で残忍で、神の名の下に自らの正義を善と信じ、他者を顧みない。背が高く、鼻が高く、見てくれがよいから、人間も立派で頭も良いだろうと外見で騙されてしまう。地球上で最も野蛮な行為をしたのは西洋人（白人）である。その野蛮人を「文明だ、文明だ」と言って明治政府はなんでもかんでも、西洋が善であり正しいと見習ったのである。

終戦後の日本も明治のトラウマではないかと思えるほど、原爆を二個落とした戦勝国アメリカを理想の国であるかのごとく賞賛した。そしてアメリカが意図したかのように日本のさまざまなことがアメリカナイズされてしまった。

西郷は文明とは「道の普く行はるるを賛称せる言」と言っている。そういう意味ではアメリカのアフガニスタンやイラクの侵攻を見てもわかるようにアメリカはいまだに文明国とは言えない。日本はアメリカに次ぐ世界第二位の経済大国になっている。日本の世界地図上の立地、国民力、国民性を考え、世界人類に何が貢献できるかを二十一世紀は考えるときでもある。背が高く鼻が高く色が白ければ、いかにも立派で賢そうに見える。西郷は「道は天地自然のものであるから、道を行うのに西洋も東洋もない」と言っている。

上野公園には西郷の銅像がある。幕末維新と活躍した西郷が犬をつれ、裾みじかの筒袖《つつそで》の着物にへこ帯をしただけのラフで悠然とした姿で立っている。

果たして、日本が世界に果たすべき真の役割とは何であろうか。東洋の日本が西洋（白人）に道を行わせ文明に導いたらどうだろう。それができるぐらいに日本人はもっともっと成長しなければならない。そうして初めて、西洋と東洋のバランスがとれることになる。

# 西郷と大久保

二人は薩摩藩（鹿児島）の英傑として並び称され、よく人物を比較され評されている。

政治には、政権を担うトップの個性が強く反映される。平清盛と源頼朝との個性の違い。信長、秀吉、家康の個性の違い。現代日本の首相を例にとっても田中、三木、福田の違い。最近の小泉、安部、福田の個性の違いがある。そしてその違いが政治に表れてくる。個性が強ければ強いほどその表れ方は顕著で、また個性が強い人ほどその個性を出したがる。

西郷と大久保においても討幕という大目的遂行の間は、個性の違いはあたかもピッチャーとキャッチャーのようにお互いの役割を果たすということで、それはプラスの方向に作用した。しかし、新国家建設の方法論においては大きく個性の違いが表れた。

西郷は時間をかけて道義国家の建設を目標としていた。本当は建設したかったのであろうが、何分新政府は薩長土肥の寄合所帯であり、それぞれが勢力争いを演じていた。そんな中で自己の目標を達成するには権力闘争は避けて通れないことになる。そうすれば成立まもない新政府での内紛となり、諸外国につけこまれるスキを与えかねない。そこで西郷は「志を得れば民とこれに由り、志を得ざれば独りその道を行う」というスタンスでいた。

自分より仕事が出来る立派な人が現れたら、自分の職をその人に直ちに譲る人などいない。誰がなんと言おうと、せっかく手に入れた地位は死んでも離したくないのが本音であろう。そういう考えを持つのは「西郷さん、あなただけですよ」と言いたい。大久保のことをあまり言いたくはないが、秀吉や家康にしてもその大部分の思いは自分と一族のための政治であり、権力欲と支配欲から逃れるのは難しいと言っておきたい。大久保も欧米列強から日本の侵食を防ぐのは、欧米の進歩した科学技術を受け入れ産業を興し、欧米に追いつくことであるとしたのは正しい。

しかし、それは西郷のように「自分の職を譲る」というスタンスではなく、自分が思っていることを自分の力で行うというスタンスである。自分が思っていることを自分の力でとなると少なからず「自分のために」「自分のやりやすいように」が入ってくる。なぜ西郷が「自分より仕事ができる立派な人が現れたら、その人に自分の職を直ちに譲るほどでなくてはいけない」と考えるのであろうか。

究極は国や国民のことを考え、それをよりよくするためである。自分よりよい人に担当させた方がよくなるのは当たり前である。スーパーなど小売業では、お客さまのためが大前提である。そしてお客様の苦情には敏感である。政治をサービス業とみなし国民を一般消費者としたら、お客様（国民）の満足のためが普通となる。「自分の職を譲る」という西郷の考えは、自分よりできる人にやってもらった方が、それが国や国民のためになることだからである。それ以外の何ものでもない。

大久保の権力欲は相当強かったと思われる。それは西郷へのライバル心からであり、嫉妬心（ジェラシー）からでもあったと思われる。西郷は、当代一の英明といわれた藩主斉彬に見い出され、いきなり政治の表舞台で活躍し、大久保ら同志の羨望の的となった。大久保は斉彬亡き後、藩を支配するのは久光であると見て、久光に近づき取り入り少しずつ権力の中枢に入っていった。久光の政治手法である統制主義を大久保も久光に近づくにつれ、自分のものとして学んでいった。幕末に薩摩藩士が薩摩藩士を上意で打ちに行くという寺田屋事件は、大久保、久光の統制主義の事件である。大久保は久光を動かし利用し藩内における権力基盤を確立し、併せて岩倉具視と図り朝廷内における信頼も確保していった。幕末も押し迫ると、西郷は前戦の司令官としての役割を果たし、大久保は岩倉とともに朝廷内部の工作や宮廷政治を主な仕事とした。

討幕が案外スムーズに行き、新政府が樹立された。大久保は盟友として朝廷をリードすることができる岩倉を得ている。新政府で自らの経綸を発揮したかったであろう。表舞台に出て何よりも自分が西郷以上の存在であることを証明したかったであろう。大久保の性格は統制好きで統制主義である。後に自ら内務省を設立しその長官である内務卿になったとき、大久保が省内にいるかいないかは省内の静かさでわかったという。いるときは、水を打ったように静まりかえっていたという。

ある意味、人の良い西郷は何かと大久保に利用された。廃藩置県や留守政府を任されたことがそうである。西郷は政府内の権力闘争にはあきあきしていた。鹿児島に引き籠もっていたかった。しかし、これをやってくれ、あれをやってくれと無理矢理引っ張り出された。留守政府を二年近く守っていたらいたで、約束を破って、あれをしたこれをしたと、すでに決定していた遣韓使節論も完全にひっくり返された。明治六年の政変いわゆる征韓論争に限って言えば、大久保が権謀術数により西郷の追い落としを謀った事件である。

根底には大久保の西郷への嫉妬がある。ただでさえ人望のある西郷にこれ以上権力や人望が集中すれば、政権の主役の座を奪われてしまうという大久保の危機感があった。要は自分の望む政治を自分がやりやすいようにしたかったのである。大久保は国家と国民を統制しやすいフランス流の警察国家を目指した。

明治六年十月の政変で西郷一派が下野したあと一カ月後には、大久保は内務省を自ら新設しその長となった。内務省には大蔵・司法・工部各省から警察権や地方行政に関する権限（県知事や警察の幹部の任免権が内務卿にあった）、殖産興業、通信交通、土木といった広範な権限が移った。また大久保は警察力の充実をはかるため、川路利良をフランスに派遣し警察組織を学ばせた。さらに、それまで司法省に属していた警察機構を整備独立させ警視庁を設立し、その初代警視総監に川路利良を任命した。これにより、内務卿・大久保のもとには強大な権力が集中した。

その後の日本は良いも悪いも、大久保の個性である威厳・重厚・堅実を尊ぶ官僚的国家を形成し、それは戦前まで続いた。大久保は久光を動かし利用できても斉彬は動かすことはできない。これもまた事実である。斉彬もまた父斉興を無理矢理隠居させ藩主になったからこそ、自己の政策を遂行できた。

政治は人が行う以上、その個性が政治に表れるのはいたしかたないことである。そうではあるが、大げさに言えば、国の命運を政治家に委ねることになるのである。良い悪いは別として、家康の好みが二百六十年続いたように、大久保の好みが戦前まで続いたように、いったん敷かれたレールは大変革でもないかぎり変えようがない。これは世界の歴史が証明している。

西郷はいってみれば反逆児である。久光（藩）に楯突き罪人となった。幕府（将軍）に楯突き討幕を果たした。明治政府（天皇）に結果としては楯突き、西南戦争を起こし敗れ賊軍の将となった。大久保は権力の側から落ちたことはなく、いわば権力に従順である。大久保は久光を動かし利用することができたが、斉彬を動かすことはできない。これは人間の持つ力量の違いである。西郷がよくて大久保が悪いというのではない。我々は政治をなす者に良い悪いを含めて国の命運を委ねているということを自覚しておくべきである。

## 明治天皇を鍛えた

一八七一年（明治四年）、木戸とともに参議となり政府最高首脳であったとき、西郷はこれまで天皇の側近には女官が多く侍していたのを改め、侍従に武士階級から山岡鉄太郎、村田新八、島義勇、高島鞆之介、米田虎雄といった硬骨で誠実で豪傑といった人材を選んだ。明治天皇は一八六四年（元治元年）の蛤御門《はまぐりごもん》の変のとき十三歳であったが、砲声に驚き気絶したという。列強が覇を競う中で諸外国と交わるとき、西郷としては天皇は新国家の統治者として英雄的君主でなければならないと考えていた。西郷は山岡鉄太郎や村田新八、島義勇らに自分の考えを話し、彼らに鍛えさせた。

山岡鉄太郎（鉄舟）は幕末の剣豪であり無刀流の開祖である。身長は六尺二寸（一八八センチ）、体重は二十八貫（一〇五キロ）あった。その山岡が明治天皇の角力《すもう》の相手をしたが、決して負けてあげることをせず、何度も打ち負かしたという。「命もいらず名もいらず、官位も金もいらぬ人は仕末に困るものなり」と西郷が言った「仕末に困る人」とは、山岡鉄太郎のことを西郷が評したのではないかと言われている。官軍が江戸に向っているとき、山岡は官軍がひしめく敵中を単身突破し、静岡にある征東軍の本陣まで乗りこんできて一身を顧みず、将軍慶喜と徳川家のため西郷と談判をした。その見事さと山岡の人物にほれた西郷が幕臣であったにもかかわらず、山岡に頼み込んで明治天皇の侍従としたのである。

西郷は鹿児島の叔父椎原与三次あての手紙で、明治天皇の教育の様子を「士族からお召出しになった侍従はとりわけご寵愛で、修業に勉励のご様子は実におさかんなことであります。（中略）和・漢・洋の学問にお励みで侍従達と会読を遊ばされることもあり、寸暇なくご修業におつとめでありますﾞ」と書いている。これは若き明治天皇への西郷の情愛のこもった手紙である。

一九二七年（昭和二年）発刊の『大西郷全集（伝記編）』では、「君（明治天皇）を堯舜にすることを理想とした隆盛は、その第一着として一八七一年（明治四年）七月宮内の仕官に初めて武士を任用することとした」と記されている。また一八七一年（明治四年）七月十四日、廃藩置県の大令が公布される前日、「西郷は参朝して主上（明治天皇）からの御尋問に対し『恐れながら吉之助がおりますから』と奉答して叡慮を案じ奉った」とある。

暴動も予想されかねない廃藩置県の断行に明治天皇は少なからず不安を抱かれたのであろう。吉之助がおりますからという言葉は西郷の山のような大きな自信であり、そして天皇の最大の安心となったことであろう。

西郷の明治天皇への接し方は慈父のごとくであり、君臣水魚の交わりであった。それは斉彬と西郷との接し方でもあった。新しい明治国家の若き天皇に対する西郷の心持ちが、分かるというものである。

# なぜ税を払わなければならないのか

西郷は長く農政の現場にいて、重税にあえぐ藩内の農民の困窮を見てきた。さらに奄美大島では島全体が税を支払うための生産工場と化し、島民は税を払うために生きているという苛烈な取り立ての仕組みを見て来た。幕藩体制に代わり新しい国家になっても、税を払う側の仕組みは何も変わることなく明治政府に引き継がれた。できたばかりの新政府には財源が不足し、徳川時代よりかえって重税を課すことになった。

「人民の人民による人民のための政治」とリンカーンは言った。政治や国の運営は人民の人民による税で行われる。それが人民(国民)のために行われているだろうか。江戸時代（封建時代）の薩摩藩であれば、領民、領国は藩主のものというのが一般的概念であってもいたしかたない。そのような中で西郷は独自の天の思想を持ち沖永良部島の囲い牢にいるとき、島役人の土持政照に「人民（国民）のための天の思想」を説いている。土持政照に書いて与えた『与人役大体』は、天子も大名も役人も極論すればば万人（国民）を慈しむために存在するという考えを展開している。西郷の考えをリンカーンの言葉に変えたら、税とは人民の人民による人民のためのものということになる。

そうであれば、日本国憲法にある国民の納税の義務は当然のことになる。しかし、税の公正公平な徴収と使用は現代の二十一世紀でもなかなか難しい。

次に記したのは国家経営における西郷の税に対する考えである。

「祖税を薄くして民を裕《ゆたか》にするは、即ち国力を養成する也。故に国家多端にして財用の足らざるを苦《くるし》むとも、租税の定制を確守し、上を損じて下を虐《しいた》げぬもの也。能く古今の事跡を見よ。道の明かならざる世にして、財用の不足を苦む時は、必ず曲知小慧《きょくちしょうけい》の俗吏《ぞくり》を用ひ巧みに聚斂《しゅうれん》して一時の欠乏に給するを、理材に長ぜる良臣となし、手段を以て苛酷《かこく》に民を虐《しいた》げるゆえ、人民は苦悩に堪へ兼ね、聚斂《しゅうれん》を逃《のが》れんと、自然譎詐《きっさ》狡猾《こうかつ》に趣き、上下互に欺《あざむ》き、官民敵讐《てきしゅう》と成り、終《つい》に分崩離析《ぶんほうりせき》に至るにあらずや」（『遺訓』十三項）

（税金を少なくして国民生活を豊かにすることこそ国力を養うことになる。だから国にいろいろな事柄が多く、財政の不足で苦しむようなことがあっても税金の定まった制度をしっかり守り、上層階級の人たちをいためつけたり下層階級の人たちを虐げたりしてはならない。昔からの歴史をよく考えてみるがよい。道理の明らかに行われない世の中にあって財政の不足で苦しむときは、必ず片寄ったこざかしい考えの小役人を用いて、悪どい手段で税金をとりたて一時の不足を逃れることを、財政に長じた立派な官吏と褒めそやす。そういう小役人は手段を選ばずむごく国民を虐待するから、人々は苦しみに堪えかねて税の不当な取りたてから逃れようと、自然にうそいつわりを申し立て、また人間が悪賢くなって上層下層の者がお互いにだまし合い官吏と一般国民が敵対して、しまいには国が分離崩壊するようになっているではないか）

# 国家の会計（税の使われ方）

西郷は体格雄偉でいかにも英雄的風貌であるため、全体に鷹揚《おうよう》で細かいことにとらわれず、数値感覚はないように思われている。明治中期、国立銀行を設立した渋沢栄一は西郷のことを「大度量大見識の半面、財政面では極めて細かいところに気づく人であった」と評している。西郷が青年のとき郡方書役となったのも、能筆であり算盤ができたからである。地方の農村を巡回し、米の作付けや出来高などを調査報告することが仕事であった。

新政府の高官の中で米の値段まで把握しているのは西郷ひとりであり、また討幕にかかる資金を調達していたのも西郷であった。税を払う側の人の労苦を身にしみて知っている西郷は、討幕ができ新政府を維持しているのも税がもとになっているとわかっている。それゆえ、税の出納・管理・予測はあだおろそかにすることはできなかった。
大久保にしても木戸にしても、藩の官僚（役人）の延長でそのまま新政府の役人になっている。岩倉は公家であり、農民の労苦などわかりようがない。独り西郷のみ、税を支払う側の人間と間近に接し労苦が分かり、年貢の軽減を農民のために代官所に願ったり、奄美大島では年貢が払えないため役所に拘束されていた島民十数人を代官と掛け合い解放させたりした。弱きを助け強きをくじく、浪曲ではないが義侠の人である。

現代の日本では働いても低所得であるため、そこから抜け出せない人々が多い。格差社会ができつつあり、「ワーキングプア」という言葉が生まれた。以前日本は一億総中流といわれる時代もあった。ものごとすべてはやりようである。世界第二位の経済大国である。技術力も世界に冠たるものである。アメリカ流のグローバリズムを善とし格差社会まで輸入する必要はない。

日本のような民意の高い国に格差社会があるのは国の恥である。明治の文明開化でアメリカを見習い、第二次世界大戦後でまたアメリカを見習い、さらに平成のバブル景気の崩壊でアメリカのグローバリズムを見習う。「たった四ぱいで蒸気船」といわれた幕末のペリー外交がいまだに日本人の心にトラウマとなって残り、二〇〇八年（平成二十年）になってもそれから抜け出せないのであろうか。

日本の国家予算の中でも特別会計は一般会計をはるか超える額であるのに使途は明らかにされない。

次は西郷の国の会計に対する考えに触れよう。

「会計出納は制度の由《よ》つて立つ所、百般の事業皆是れより生じ、経綸《けいりん》中の枢要《すうよう》なれば、慎まずばならぬ也。其大体を申さば、入るを量《はか》りて出《い》づるを制するの外更に他の術数《じゅうすう》無し。一歳《さい》の入るを以て百般の制限を定め、会計を総理する者身を以て制を守り、定制を超過せしむ可からず。否《しか》らずして時勢に制せられ、制限を慢《みだり》にし出づるを見て入るを計りなば、民の膏血《こうけつ》を絞るの外有る間敷也。然らば仮令《たとえ》事業は一旦進歩する如く見ゆ共、国力疲弊して済救《さいきゅう》す可からず」（『遺訓』十四項）

（国の会計出納〈金の出し入れ〉の仕事はすべての制度の基本であって、あらゆる事業はこれによって成り立ち、国を治める上で最も要になることであるから、慎重にしなければならない。そのおおよその方法を申し述べるならば、収入をはかって支出を抑えるという以外に手段はない。一年の収入をもってすべての事業の制限を定めるものであって、会計を管理する者が一身をかけて定めを守り、定められた予算を超過させてはならない。そうでなくして時の勢いにまかせ制限を緩慢にし、支出を優先して考えそれにあわせて収入をはかるようなことをすれば、結局国民に重税を課すほか方法はなくなるであろう。もしそうなれば、たとえ事業は一時的に進むように見えても国力が衰え傾いて、ついには救い難いことになるであろう）

## 西郷内閣

一八七一年（明治四年）十一月十日から一八七三年（明治六年）九月十三日全権大使の岩倉が帰国するまで約二年間は西郷を首班とする留守政府が政権を担当した。遣欧米使節団は岩倉、大久保、木戸ら四十八人という大陣容であった。西郷にすれば、政権発足まもないこの時期に幕府が結んだ不平等条約の国々を視察し、欧米の進んだ文化産業を見てまわらなくてはならないのかと思ったであろう。また、これだけの国費を使う必要があるのかと思ったであろう。このころの政府の意志決定は大久保と岩倉主導であった。

廃藩置県終了後、政府は直ちに（明治四年七月二十八日）太政官職制を制定し、中央集権化を図った。太政官は正院、左院、右院で構成され、正院を最高意思決定機関とし太政大臣に三条実美、参議に西郷、木戸、板垣、大隈を選んだ。左院は立法機関とし、議長に後藤象二郎、副議長に江藤新平が任命され、右院は行政機関とし、外務、大蔵、兵部、司法、神祇、文部、宮内の八省を置き、外務卿に岩倉、大蔵卿に大久保が据えられた。

この布陣を見ても大久保が新政府の台所である財務を掌握しており、岩倉とのコンビであることがわかる。穿った見方をすれば、外交など分からないと思われる公家出身の岩倉が外務卿に就任しているのは、はじめに岩倉を大使とする遣欧米使節ありきで人選されているように見える。また、大久保は外遊するにあたり、大蔵省を右腕ともいえる井上馨を大輔（次官）にして自分の留守を任せた。

日本の現代でもよくあることであるが官僚は、国民の利益と言うより、自分たちの省の利益を優先させたがる。この時期大久保は自ら率いる大蔵省に従来の民部省を合併させた。これに伴い、地方行政、交通・通信や地方官の人事権といった民部省が持っていた権限までも大蔵省にあわせ持たせ、自らの権力基盤を強大にした。征韓論争後の内務省設立の手法と同じである。さらに岩倉、大久保ら使節団は留守政府に対して外遊中は重要な政策や人事はみだりに行ってはならないという十二カ条の約定書を結ばせた。ここにも、外遊している間に自らの権力基盤を失っては大変だという西郷とは似ても似つかない権力欲が見えるようである。

西郷内閣（留守政府）の陣容は、太政大臣・三条実美、参議・西郷、板垣、大隈、司法卿・江藤新平、外務卿・福島種臣、兵部大輔・山県有朋、大蔵大輔・井上馨であった。政治は生き物だということで、西郷は約定書を無視し次から次に法令の制定と社会改革を断行していった。その主なものは次のとおりである。

○政治・経済の分野：太政官制の改定、兵部省を廃し陸海軍二省の設置、徴兵制の布告、地租改正の布告、国立銀行条例の制定、太陽暦採用、新紙幣発行、府県裁判所の設置、田畑永代売買解禁

○学問・宗教の分野：学区制・義務教育制からなる学制、キリスト教の解禁、神社仏閣における女人禁制の廃止、僧侶の肉食・妻帯・長髪の許可

○社会・風俗の分野：士族の帯刀義務を解除・断髪を許可、武士による斬り捨てを禁止、華族・士族・平民相互間の通婚の許可、四民平等による平民並代などの被差別身分・職業の解放令、水呑百姓などの解放・農民の職業自由選択の許可、人身売買の禁止。地方官による権利侵害を人民が裁判所に救済を訴える制度の新設

これらの西郷内閣の仕事は、わずか一年十カ月足らずの間に行われている。まさに驚異的なスピードで改革がなされていった。このほかにも、一八七二年（明治五年）には、『東京日日』『日新真事誌』『郵便報知』などの有力新聞が創刊された。福沢諭吉の『学問のススメ』、西周の『致知啓蒙』、加藤祐一『文明開化』などの啓蒙書が出版されたのもこの時期である。資料によれば、この間の西郷内閣の施政は「封建の身分

制度を解体した」「封建の鎖から解き放たれ、社会一般に自由を謳歌する空気があふれた」「自由で清新な流れが人々を勇気づけた」と評されたという。

また、結婚や就業、土地売買、日本における信教の自由、平等の思想といった現在にも継承されている維新の近代化は、この時期に実施されたのである。

西郷は奄美大島に流されているとき、奄美にあった奴隷制度（家人・ヒザの制度）の廃止に苦心していた。この家人制度が奄美で公式に廃止されたのは一八七一年（明治四年）、西郷内閣における被差別身分・職業の解放令の布告の結果である。西郷が奄美大島にいる間、この制度があることに心を痛め、自身でも世話になっている竜家の一族やそのほかの有力者を説得し、家人・ヒザの解放に努めた。代官所役人の木場伝内を協力者にして制度を廃止できるよう代官に働きかけてもいた。

西郷が一介の遠島人であり何も権限がないとき、自ら尽力し多数の家人やヒザを解放させたことも事実である。また、西郷政権であったときにこの制度が布告により廃止されたのも事実である。西郷が意図して行ったかどうかは資料に表れてないが、細かい心配りができる西郷であり、また「敬天愛人」の思想からしても、真っ先にこの制度を廃止して民を救おうと思ったはずである。

この時期、沖永良部島から土持政照が上京した。この様子を昇曙夢著『奄美と大西郷』から抜粋して紹介したい。

「ちょうど征韓論のまさに勃発しようとする明治六年に政照が上京して、青山の邸に西郷を訪れ、祝意を述べたとき、西郷は襟を正し涙を垂れて、次のように言った。

『維新の大業はすべて、天下の尊王志士の心血の賜物であって、自分の微力はいささかも加わっていない。しかしながらもしもこの偉業にして自分の及ばぬ力もその幾分に加わっているとしたならば、これは決して自分の手柄ではなく、みな足下の功績である。自分が往年入牢中、足下が監視の役目を忘れ、生死を賭して重罪人たる自分を庇護された真情は、夢の間も忘れることは出来ないところである。もしもあの当時、沖永良部に足下が居なかったら自分は空しく牢屋の露と消えたであろう。自分が今日の地位を得たのは全く足下のお陰である』と、あらためて感謝の意を表したのであった」

このときの西郷は参議・陸軍大将・近衛都督で、いわば日本の最高権力者でもあった。その西郷が襟を正し涙を流したという。その場面が映画のワンシーンのように目に浮かぶようだ。

もっと西郷のような人間を大切にすべきである。しかし、世間一般では自己の損得で行動するので、人によかれと思うことを第一に考える西郷のような人間は大切にされない。本来、権謀術数というものは幼稚なものである。人が自己の損得で動きかつ人の心の中が読めないという前提のもとに成り立っている。全くレベルの低い人にしか通用しないはずである。

日本人はもっと西郷のような「仕末に困る人」に政治をやってもらった方が国民は結果として得するのである。しかしながら、多くの国民はこれが見抜けない。国民の首を絞めることになる人をわざわざ選んでしまう。

# 西郷の外交

明治六年の政変で西郷が下野した後は、大久保の思うままの明治政府となった。一八七四年（明治七年）五月二十二日には、しなくてもよい台湾出兵をしてしまう。西郷の弟、陸軍中将従道を台湾蕃地事務都督とし、三千六百人の兵と軍艦による遠征であった。そして、ペリーがかつて日本を開港させたと同じ方法で朝鮮に一八七六年（明治九年）二月二十六日「日朝修好条約」を結ばせ、釜山ほか二港を開港させた。西郷が一番嫌う方法で開港させた。しかも欧米列強の武力に屈して日本が結んだのと同じ不平等条約を未開の国に対して押し付けたのである。

西郷は遣韓使節として自ら朝鮮に行き、平和的に開国の利を説こうとしたのである。「情けない。日本の道義も地に落ちた」と憤りそして嘆くであろう。西洋は野蛮である。文明国なら、未開の地に対するほど、親切丁寧に道を説き開明に導くべきである。

そうでなく武力をもってするとは日本国も野蛮である。大久保・岩倉政府のやり方にこう怒ったであろう。この延長線上に日清・日露の戦争があり、日韓併合、日中戦争、太平洋戦争となり、結局は二十世紀の欧米列強に屈することになる。

大久保・岩倉・木戸・大隈・伊藤・山県のレベルでは欧米列強に対するには力量不足である。斉彬や西郷レベルでないと無理である。これは二十一世紀の現代でも変わらないであろう。西郷は「道を行うには西洋東洋の区別はない」と言っている。日本が世界に冠たる道義の国となり、野蛮な西洋に文明を広めてはどうであろうか。

『遺訓』の次の文章には西郷の外交に対する考えが表れている。

**「正道を踏み国を以て斃《たお》るるの精神無くば、外国交際は全かる可ならず。彼の強大に畏縮し、円滑を主として、曲げて彼の意に順従する時は、軽侮《けいぶ》を招き、好親却《かえっ》て破れ、終に彼の制を受くるに至らん」**（『遺訓』十七項）

（正しい道を踏み国を賭して倒れてもやるという精神がないと、外国との交際はこれを全うすることはできない。外国の強大なことに恐れ縮こまり、ただ円滑にことを収めることを主眼にして自国の真意を曲げてまで外国の言うままに従うことは、侮り

を受け親しい交わりがかえって破れ、しまいには外国に制圧されるに至るであろう）

「談《だん》国事に及びし時、慨然《がいぜん》として申されけるは、国の陵辱《りょうじょく》せらるるに当りては、縦令《たとえ》国を以て斃《たお》る共、正道を践《ふ》み、義を尽すは政府の本務也。然るに平日金穀《きんこく》理財の事を議するを聞けば、如何なる英雄豪傑かと見ゆれ共、血の出る事に臨めば、頭を一処に集め、唯目前の苟安《こうあん》を謀るのみ、戦の一字を恐れ、政府の本務を墜《おと》しなば、商法支配所と申すものにて更に政府には非ざる也」（『遺訓』十八項）

（話が国のことに及んだとき、たいへん嘆いて言われるには、国が外国から辱めを受けるようなことがあったら、たとえ国全体でかかってたおれようとも正しい道を踏んで道義を尽くすのは政府の務めである。しかるにかねて金銭や穀物や財政のことを議論するのを聞いていると、何という英雄豪傑かと思われるようであるが、血の出ることに臨むと頭を一ところに集め、ただ目の前の気やすめだけをはかるばかりである。戦の一字を恐れ政府本来の任務を果たせないようなことがあったら、商法支配所すなわち商いの元締めというようなもので、一国の政府ではないというべきである）

# 西郷の内政

国家は一人ひとりの国民で成り立っている。日本は国土に一億三千万人の日本人がいることで国が成り立っている。国民が安心してよりよい生活ができるように、主権者である国民一人ひとりから日本国の運営を任されているのが、政治家であり公務員である。日本国民のレベルが低ければ委託すべき政治家や公務員の資質を見抜く能力もなく、同様にレベルの低い政治家や公務員に国の運営を任せてしまう。世界の歴史における国の興亡を見ても、国民レベルが低くレベルの低い政治家に国の運営を任せたときほど悲惨な例はない。

政治家や公務員の第一の仕事・役目は国民住民のレベルを上げることである。そうすれば国民一人ひとりのレベルが上がるので、経済の発展、法の順守、道徳的人格の醸成はおのずと成るものである。急がば回れのようであるが、国民のレベルを上げ国民の力を増やすことが、すなわち日本の国力となる。

西郷は「忠孝仁愛教化は政の大道である」と言っている。「忠」は西郷が生きた当時、天皇に対する忠義ということであろうが、民主主義の日本では愛国への純粋な思いとしておく。

二宮金次郎（尊徳）は「刃物を人に渡すとき刃の部分を自分の方に向けて、柄の方を相手に向けて渡す、この行為が道徳の根本だ」と述べている。「はさみやそのほかの刃物を渡すとき、必ず人に柄の方を向けて渡しなさい」と、子供のときから親に言われて育って、それが常識となっている。刃先を自分の方に向けるということは万一間違いがあったとき、自分を傷つけても相手を傷つけないようにしようとする思いである。

自分のことよりまず相手のことを考える。自分が損しても相手を損させないようにする。自分の名誉が損なわれても、相手の名誉を損なわないようにする。道徳とは何も難しいことではなく、この刃物を人に差し出すとき、刃先を自分に向け柄を相手に向けるという行為である。これを刃物だけではなく、人と接するとき、さまざまなことで自分のことより相手のことを慮《おもんぱか》るという精神を広げて行くことが、すなわち道徳が普及することになる。

次に紹介するのは西郷の『遺訓』にある言葉である。

「節義廉恥《れんち》を失ひて、国を維持するの道決して有らず、西洋各国同然なり。上に立つ者下に臨みて利を争ひ義を忘るる時は、下皆之に倣《なら》ひ、人心忽《たちま》ち財利に趨《はし》り、卑吝《ひりん》の情日々長じ、節義廉恥の志操《しそう》を失ひ、父子兄弟《ふしけいてい》の間も銭財を争ひ、相ひ讐視《しゅうし》するに至る也。此の如く成り行かば、何を以て国家を維持す可きぞ。徳川氏は将士の猛き心を殺《そ》ぎて世を治めしか共、今は昔時戦国の猛士より猶一層猛き心を振ひ起さずば、万国対峙《たいじ》は成る間敷也。普仏《ふふつ》の戦、仏国三十万の兵三ヶ月糧食有りて降伏せしは、余り算《そろ》盤《ばん》に精《くわ》しき故なりとて笑はれき」（『遺訓』十六項）

〈節義〈かたい道義、みさお〉廉恥〈潔白で恥を知ること〉の心を失うようなことがあれば国家を維持することは決してできない。それは西洋各国であってもみな同じである。上に立つ者が下に対して自分の利益のみを争い求め、正しい道を忘れるとき、下の者もまたこれに倣うようになって人は皆財欲に奔走し、卑しくけちな心が日に日に増長し、節義廉恥のみさおを失うようになり、親子兄弟の間も財産を争い互いに敵視するに至るのである。このようになったら何をもって国を維持することができようか。徳川氏は将兵の勇猛な心を抑えて世の中を治めたが、今は昔の戦国時代の勇将よりもなお一層勇猛心を奮いおこさなければ世界のあらゆる国々と相対することはできないであろう。独仏戦争のとき、フランスが三十万の兵と三カ月の食糧があったにもかかわらず降伏したのは、あまり金銭財利のそろばん勘定に詳しかったがためであるといって笑われた)

**「何程制度方法を論ずる共、其人に非ざれば行はれ難し。人有りて後方法の行はるるものなれば、人は第一の宝にして、己れ其人に成るの心懸け肝要なり」**（『遺訓』二十項）

（どんなに制度や方法を議論してもそれを説く人が立派な人でなければ、うまく行われないだろう。立派な人であってはじめていろいろな方法は行われるものだから、人こそ第一の宝であって、自分がそういう立派な人物になるよう心がけるのが何より大事なことである）

# 第六章　遣韓使節論

## いまだに「征韓論」

現在でも高校生の日本史の教科書では西郷は征韓論に敗れ下野するとある。そこでは「士族は藩をつぶされ職を失い、四民平等によって苗字を名乗る特権も奪われ、徴兵令の施行によって兵士としての利用価値もなくなってしまった。そのため彼らの新政府に対する不満には凄まじいものがあった。もし百五十万人以上いる士族が一斉に蜂起したら、政府などひとたまりもない。これを西郷は恐れたのである」「政治家が国家の不満を海外へそらすというのは、昔からよくある手です。西郷は、朝鮮半島へ派遣する兵力として不平士族を用い、彼らに存分に戦ってもらってその不満を解消させようとしたのです」と説明している。

もし、本当に西郷がこのように考えていたとしたら、西郷は馬鹿者であり大した人間ではない。西郷自身でも「言動が異なっていたら西郷はつまらぬ奴だと見限ってしまってよい」と言っている。単細胞な二流政治家ではあるまいし、士族の不満をそらすという理由で征韓するはずは二百％ない。

西郷はただでさえ理解しにくい人間であるのに、このままでは永遠に「旧体制の人間」であり、「士族階級の擁護者」であり、「政策ビジョンを持ち得ない、武断主義の首魁《しゅかい》」で終わってしまう。西郷は、西郷レベルの人間もしくは西郷と同気質の人間でなければ、その行動原理や心情は理解しがたい。西郷の行動パターンは類型がないから、歴史家でさえ自己の経験に当てはめ「人間はこういう行動をするはずがない」と思い込んでしまう。

利口な人間であれば代表参議となって表に立ち廃藩置県を断行したり、旧主島津久光の恨みを買い「西郷の罪状」をつきつけられたりはしない。大久保のように西郷の後ろに隠れ、長く大久保を重用した旧主久光の恨みを直接買ったりはしない。

西郷と大久保は久光をだましだまし操縦して薩摩藩を討幕へと導いた。久光は、討幕後は島津幕府が成立すると思っていた。それで西郷と大久保にだまされたと怒った。廃藩置県が断行されたときは、西郷に対する怒りはおさまらず自邸で花火を打ち上げ続け鬱憤をはらしたという。

実際七十七万石の大藩薩摩が討幕に舵を切ったことが明治維新につながったと言っても過言ではない。穿《うが》った見方をすれば、大久保は明治政府の中央集権化は絶対必要と考えていたであろうし、廃藩置県は避けて通れないと思っていたであろう。

同時に、それによって薩摩藩は消滅することになる。久光の激怒が想像できる。廃藩置県後四カ月足らずで、二年近くも日本を離れ洋行したのは、久光の怒りを避けほとぼりをさますためであったと思われても仕方がない。日本に残った西郷は久光に「西郷の罪状十四カ条」をつきつけられ、参議・陸軍大将・近衛都督の身分で鹿児島に出向き久光に謝罪している。怒りを爆発させた久光をなだめるため、西郷は半年近くも鹿児島に滞在した。

西郷はこの後、西南戦争を起し反乱軍の大将として死んだため、自身で弁明することができず、勝者の歴史が大久保ら政府の都合のよいように形づくられていった。これは真実の大部分を物語っているはずである。「征韓論者」西郷の下野、そして士族最大の反乱西南戦争と結びつけるという型である。悪いのは西郷である。

今、征韓などすべきではないと主張する「内治優先派」という言葉までつくられ大久保らを擁護している。鹿児島は政府の命令に従わず、独立国化していた。打たれても止むを得ないという考えである。この論理で征韓論から西南戦争までがつながっていると多くの人は信じている。

次に大久保の視点で考えてみる。信長死後の秀吉がそうであるように、秀吉死後の家康がそうであるように、権力指向者は少しでも自己の権力基盤を拡充強化しようとするのは当然のことである。まず大久保の行動パターンを見てみる。

（一）薩摩をあれだけ改革できたのは斉彬が藩主という権力を得たからであり、どんなに英明といわれても世子のままでは成せなかったこと。これにより、自己の理念理想を実現するには権力を手にしなければならないと理解した。

（二）斉彬亡き後、次の権力者は久光であると狙い定め、久光を動かすことを目標とした。先ず久光に近づくため大久保は碁を習った。碁の相手をしてもらいながら時間をかけ少しずつ能力を認めさせた。大久保は権力者の信頼を得て、その権力と権限を借りて、自らの権力権限を行使するという手法をとった。

門閥の出身ではない下級藩士の大久保としては無理からぬ方法ではあるが、権力者久光の逆鱗に触れることは絶対に避けねばならなかった。これは西郷が久光の命令を無視し、死罪に次ぐ沖永良部島への遠島処分を受けたことを反面教師とした。大久保は自らの身の安全と用心のため、そして自分の性格も相まって西郷のように独断独行はしない人物となった。

政治手法は久光に倣《なら》い自身も厳正な統制主義者となった。一般の組織でも上司は部下が自分より厳しい処置をすることを好む。寺田屋事件は久光が考える以上に厳しい処置を大久保が演じた例である。

討幕が現実味を帯び朝廷が権力の中心になってくると、大久保は朝廷内を切り盛りできる岩倉具視との関係を強化した。自己の権力を維持・拡大する基盤を薩摩藩の権力者久光から朝廷の権力者岩倉へ移したのである。

(三) 次は権力基盤のよるところを人ではなく組織に求めた。岩倉の望みは王政の復活であり朝廷の権威の確立である。明治になってそれが果たせつつある今、岩倉を当てにすべきではないと思った。それで大久保が考えたのは、自らが立つ権力組織である。大久保が信じる富国強兵策を具現化するには、全国を統べる組織をつくりその長になることであると考えた。

以上のことを考えると、廃藩置県は西郷を利用する以外なかったと考えられる。理由は次の二点である。①薩摩藩兵と他の藩と兵への人望力・影響力は西郷を超える者はいない。②討幕に全藩を挙げて尽力した薩摩藩をつぶされた久光の怒りと恨みを考慮しなければならない。

それで、郷里で隠棲生活をしていた西郷のもとへ上京の勅書を岩倉に届けさせた。自らも同行し嫌がる西郷を説き伏せ、廃藩置県実施の代表者として引っ張り出したのである。断行後の久光の怒りを考えたとき、久光の性格を知っているだけに、洋行することも最初からシナリオに入っていたのかも知れない。

久光と西郷の関係はもともとよくない。お互い嫌い合っている。そこへいくと久光と大久保の関係は違う。明確な主従の関係であり、その久光に重用され権限を与えられてきた。それが久光の所有する藩と領民を消滅させたとなると、裏切りであり主君への謀反となり、明智光秀のような悪名を冠せられぬともかぎらない。大久保に対する久光の怒りと恨みは、西郷に対するそれの数倍に達するに違いない。大久保はこれを回避したかったのである。

## 大久保の最大の危機

大久保は一八七三年（明治六年）五月二十六日、木戸、岩倉に先立って帰国した。直後、大久保は西郷と会談し、留守政府の手によって重要な改革・人事はしないと出発に際し約定したことが無視され、多くの改革が実施されていたことに対し西郷を強くなじったという。岩倉が帰って来たのは九月である。二年近く国を空けて重要なことは何もするなという方が間違っている。うっかり外遊でもしようものなら帰る国がなくなっていたということはよくある例である。

西郷政権は留守の役目をよく果たした。明治の諸制度の創設・改革の多くはこの時期に実現している。西郷政権で十分やっていけるほどに発展していた。

国や県の公務員の組織でもそうであるが、部長や局長が急にいなくなったからといって組織機能は停滞しない。たとえば農水省の大臣が頻繁に代わっても、農水省は何事もなかったかのように機能している。事務次官であれ局長であれ、省庁の幹部が病気などで長く職に就けなくても代替作用が働くことになっている。

事務次官や局長はその省のトップではあるが、職務と権限は限られている。極言すれば、その職務と権限を行使できる人であれば誰でもよいのである。組織というものは、一係官の職務権限から、主任、係長、課長、部長、局長、次官までの職務権限が細かく分割され、分割された多数の職務権限の集積が一つの省という組織を形成している。民間企業の創業者オーナー社長の場合であれば、社長がいなくなったら会社の存亡にかかわるであろうが、国や県の組織でそれはない。

廃藩置県により中央集権化するために太政官を三院に分け、行政機関としての八省を置くという政府機構の改革を行った。それは組織・機関によって全国を統治する形態をつくるためである。西郷の留守政府においては、すでにそれが機能しつつあった。

ここに大久保の誤算がある。

行政機関であり権限執行機関である省を支配することが、かつての藩と領民を支配する以上の権力基盤であると大久保は考えていた。自分が長である大蔵省に、改革により廃された民部省の権限と機能を移し、大蔵省を強大にした。それはとりもなおさず大久保の権力を強大にしたことになる。そして外遊に際しては、自己の権力を維持するため、次官に井上馨を置いた。要するに省の長であることが、あたかも藩主であるかのような思い違いをしていた。それゆえ大蔵省に地方行政・土木・交通・通信といった一見場違いに思える機能と権限までも集中させた。しかし、大蔵卿大久保は大蔵省という機関の長であり、領主のごとき所有者ではない。

この例として、井上が汚職事件で司法省という違った機能と権限を持つ機関から追及され、部下の渋沢栄一が責任をとらされ辞職させられた。警察権という権限を持った司法省には、その権限においては、たとえ大蔵省の長であっても抵抗できないことが分かった。

もう一つの大久保の誤算は、西郷は軍司令官としての軍事能力はあっても、政治家としての能力はないと思っていたのが、留守政府の運営で政治家としての才能があることが分かったことである。西郷は前線で指揮する司令官としての才能があるから、幕末若い藩士や兵士から人望を集めたと思っていた。それが西郷に留守政府を任せたことにより、思わぬ西郷の政治能力の高さを知らされた。西郷に人望をあわせ持たれると、政権内において自分の立場は弱くなるという脅威が、大久保をして慌てさせ行き着いたのが征韓論争である。

大久保最大の危機は政治手法の違う西郷が権力を持つということは、自身が営々と築いた久光、岩倉、大蔵省という権力基盤が西郷の手により瓦解させられるということである。これは大久保にとっては、あらゆる手段をとっても勝たなければならない生死を賭した戦いであった。

# 大久保の野望

西郷は大蔵大輔（次官）井上馨を「三井の番頭さん」と名付けた。政府の財政をあずかる高官でありながら、政商三井にあまりにも肩入れする様をこう呼んだのであろう。西郷は『遺訓』の中で「何程国家に勲労有共、其職に任《た》へぬ人を官職を以て賞するは善《よ》からぬことの第一なり。官は其人を選びて之を授け、功ある者には俸禄を以て賞する」と言っている。幕末維新で長州の井上がいかに功績があったとしても、汚職体質の人間を政府の高官にしてはならない。与えられた権限を国家国民のための権限としてではなく私の権限として行使するからである。大久保はその井上を自らの右腕とし大蔵省を任せた。大久保の行動原理、政治目的は一体何であろうか。

大久保は、明治国家の創業期に富国強兵・殖産興業という二枚看板を掲げ、これを強力に推し進めて日本の近代化の礎を築いた大政治家と評されている。中央集権化によって出来た行政機関である一つの省に機能と権限を集中させ、自らその長となり全国に及ぶ組織を動かすことが効果的と考えたのである。

日本が江戸幕府の鎖国政策により、科学技術や産業で欧米に大きく遅れたのは紛れもない事実である。それに追いつき追い越すためには、富国強兵・殖産興業すべきであることは第一に考えられることである。島津斉彬はそれを鹿児島で実施していた。西郷であっても木戸であっても海舟であっても多くの人が考え至ることである。

何のために欧米に追いつかなければならないのか。追いついた後はどうするのか。欧米に侵食されたくないという恐怖心や馬鹿にされたくないという思いだけで、進んだ科学技術や産業を模倣し取り入れてよいものなのか。そこには、欧米を善なるもの、絶対なるものとする心を日本人の中に少なからず芽生えさせる。

背が高く鼻が高いという外見の欧米人に対し、いわば表面的ともいえる科学技術や産業のみを重視すれば、ただでさえ外見で劣っているかのように思っている日本人に、内面でも劣っているかのような錯覚を植えつけてしまう。日本が追いつこうとしたら、欧米はさらに進んでいるかもしれない。それでは日本は常に欧米に追いつけ追い越せの脅迫観念にとらわれた政策をとってしまうことになる。

一八七一年（明治四年）十一月岩倉・大久保・木戸ら当時の政府高官が大挙欧米に外遊し、あたかも宇宙船に乗せられて文明の進んだ異星人に会ったかのごとく、欧米の外見の発展にショックを受け帰国した。その後明治から現在まで政治の大きな流れは、彼らのそのショックがトラウマとなり、日本は常に欧米を意識し脅威と羨望とをもって外交と内政を行ってきた。

大久保に話を戻そう。西郷に言わせたら、日本は欧米に遅れているのは事実であるから、富国強兵、殖産興業は当然のことであり、それも急がなければならない。日本は国を開き、西郷の言葉では「万国対峙」することになった。世界の国々の中で日本はどういう国になるべきであり、どういう国にすべきかという国の方針をつくり決定することが、まず第一になすべきことであると言うであろう。戊辰戦争を経て新しい国家ができたのである。「国づくりの手順を誤ってはならない」と西郷は忠告している。そこに各自の思惑を入れてはならない。

大久保は蓄財をしたり汚職したり私財に走るという体質ではなく、私の欲は全くなかったが、権力を得てそれを行使するという自己の能力を自負する権力欲は強く持っていた。その根底には、西郷より上になりたい、西郷のできないことをなす、といった若いときからのライバル心があったであろう。維新後の西郷の政権欲のなさを見たとき、大久保は今こそ自分の出番であり、自分がなすべきときであると考えたであろう。

そのための権力行使の基盤が廃藩置県後の大蔵省であり、西郷らが征韓論争で敗れ下野した後に設置された一大強大組織の内務省である。大久保は汚職事件で、自らの大蔵省の幹部が警察権を持つ司法省に追及されたという反省から、内務省に警察行政を取り込み、全国の地方警察幹部の人事権を内務省に持たせた。また、各県の県令(知事)の任免権は内務省にあり、地方行政さらに勧業行政も加え、外務省と大蔵省以外の権限が内務省に集約されたのではないかと思えるほどの巨大組織にした。大久保はその長となり巨大組織内務省に君臨し、富国強兵と殖産興業政策を推し進めた。

## 遣韓使節論

西郷が「征韓」という言葉を使ったことも、口にしたこともないということは資料で証明されている。しかし、「征韓」という言葉は使っていなくても、全権大使として西郷が開国の説得に行くと言っているので、当地で西郷が殺されたら朝鮮と戦争になるのは必定である。また本人も死を覚悟していたという伝聞がある。これらのことからとにかく西郷が朝鮮に行けば戦争になるという前提のもとに、維新設立まもない時期に戦争はすべきではないという「内治優先派」が現れ、「征韓派」と論争する格好になってしまった。

普通に考えても、一八七三年（明治六年）のこの時期、無謀な征韓論と内治優先では内治優先の方に筋が通っているのは明らかだ。征韓論は西郷が下野し何も語らず、四年後には西南戦争となり賊軍の将として死んだため、その真意はいまだに分かっていない。しかしながら、人間には思考・行動のパターンがある。幕末、第一次長州征伐のとき、征長軍総督・徳川慶勝から長州処分の全権の委任を受け、単身広島に行き長州藩幹部に会い寛大な処分を決定した。そして江戸城無血開城、山形荘内藩に対する寛大な処分、これらのいずれも歴史が証明するように良い結果となっている。

西郷は「未開の国に対しなば、慈愛を本とし、懇々説論して開明に導くべき」と言っている。朝鮮に対してもそのようであらねばならず、よもや西郷が言行に反しているとは思えないのである。征韓論争は感情の入った権力闘争である。しかしながら、その勝者がその後の日本をつくったのも事実である。いわゆるこの明治六年の政変は原点に戻って検証しなおさなければならない。そうすることによって、日本が新たに進むべき道の指針の一つになるはずである。

最後に、大久保が木戸に対して「西郷さんが責任を持って朝鮮に行くと言うのだから、何も心配することはない。戦争などあり得ない。万事、西郷さんがうまくやってくれる」と説得してくれたら、あるいは留守政府が約束を守らなかったことに対し「西郷は下関で待機せよという久光の命令も無視するぐらいだから、また政治は生き物とも言うし、われわれは留守政府にまかせっきりにして外遊したことでもある。政治がよくなっていることでもあるから、しょうがないことである」と大久保が西郷を許したら、その後の日本の歴史は変わったであろう。

## 大久保の弱さ

大久保は強靭《きょうじん》な意志力を持ち、相手があきれかえるほどに粘り強くそして冷静かつ明敏で、一度決断したことはどんなことがあっても成し遂げるという強い人物と評されている。大久保の威厳は辺りをはらうばかりで接する人はその威にうたれたという。また、人は位に相当する威儀威容を保つべきであるとも述べている。東京では二千五百坪の大邸宅に住み、その地位に応じた儀容をした。

そこへいくと西郷は気楽であった。一度は死んだ人間であり、二度島流しに遭い吹きざらしの囲い牢にいた人間である。妙なプライドを持ったり人の目を気にしたりすることもしなかった。

大久保は西郷とともに国事に青雲の志を抱いた同志である。同志の中で西郷ひとり明君島津斉彬に見い出されたことにより、取り残された感があったであろう。しかし斉彬亡き後、次は自分の出番であると思い、必死で久光に近づき実力を示すことでその信頼を得た。

また、久光の信頼を得るということは、ある面では久光と同質化しなければならないということである。久光が政治手法として統制主義を好むならば、大久保は久光以上に統制主義にならなければならない。そういう久光が好むパフォーマンスを演じきれなければ信頼を得ることは難しい。幕末、久光の信頼を得て久光を動かし薩摩藩を討幕藩にした大久保の功績は非常に大きい。久光に嫌われている西郷では到底不可能なことである。

しかし、権力者から権力を借りて行使するという大久保の考え方・手法には弱さがある。それは常に自分より権力がある者には気に入られなければならない、信頼されなければならないという心の弱さである。権力者から信頼を失うことの恐れ、また自分自身が権力を失うことの恐れである。それが弱さにつながっている。この失うことの恐れが失いたくないという思いに変わり、それが「自らを愛する」という自己愛になってしまうと西郷は指摘している。

版籍奉還では実質的に明治国家になったとは言えず、廃藩置県は大久保にとっても国家の形成をなすためには避けて通れない大決断であった。次はこれを実施するための大久保のシナリオを考えてみる。

大久保が想定する一番大きな障壁は、島津久光であった。旧主君であり大薩摩藩の支配者である。今でも西郷と大久保は自分をたぶらかし、島津幕府ではなく明治国家にしたと怒っている。また、久光の近くに長くいただけに、その性格もわかり恐さも知っている。廃藩置県により薩摩藩を消滅させ、あまつさえ中央政府から久光に代わる役人が来るとなれば、どれほどの怒りになるか分からない。それを自分が首謀者として行うことは、旧主への裏切り行為ともなる。後世に悪名を残すかもしれない。こう考えるとき西郷が一番の適任者であった。

西郷と久光は犬猿の仲である。久光にすれば、西郷は自分を主君と思わず兄斉彬と比較し、命に服しない不届者だった。西郷にすれば、久光は主君斉彬を毒殺した一味の片割れにみえた。大久保が両者の関係をこのように分析していたとしたら、西郷はまたとない廃藩置県断行の役者であった。そして、次は鹿児島に引き籠もっていた西郷を引っ張り出す手順である。

大久保は政府組織を改革し自分のよるべき強大組織をつくり、それが完了すると久光の怒りを避けるため、しばらく日本にいないことにする。これが大久保にとって考えられるベストのシナリオである。

遣欧米使節団はもともと大隈重信が企画したものであった。それを大久保が強引に横取りするようなかたちで岩倉を大使とする大規模な使節団とした。これもすべて久光の怒りを避けんがための大久保のシナリオとすれば、征韓論争によって西郷を失脚させることは必然のものとなってくる。自分の権力基盤を脅かす者が存在してはならないからである。

大久保ばかりを悪く書いているように思われるかもしれない。しかしながら、小は町内会の組織から大は国の組織に至るまで、その組織の規則に権限の規程があれば、大なり小なり権力欲が出てくるものである。権力を行使するときは、誰しも一種の優越感を持つものである。

大久保は久光の側近となって以来、常に権力の中枢にいた。西郷のように権力の中枢と底辺とを、行ったり来たりはできないのである。そこに権力の魔力がある。

権力を失うことを恐れない。信用をなくすことを恐れない。非難されることを恐れない。裏切られることを恐れない。困窮することを恐れない。これは西郷の言う「仕末に困る人」の要素である。大久保の強さは獲得する強さであって、失うことへの強さではない。何ものも恐れぬとは失うことへの強さである。西郷は若い時からの修業でこの強さを身につけていたから、多くの人を魅了し歴史を動かし得たのであろう。

## 西郷の外交手法

西郷の外交手法を多くの人が見誤っている。

西郷が板垣退助あての書簡で「自分が使節として朝鮮を訪れれば必ず殺されるだろうから、それを口実として開戦に踏み切ればよい」と述べている。これが決定的な根拠となり、西郷は死を賭して朝鮮に行く、行ったら殺され開戦となるゆえに中止することが正しいという論理になり、「西郷征韓論」が定着する。この文面を文字通り受け取るとそうなる。

「征韓」を主張する若い板垣退助の気勢をそぐには、西郷が板垣以上に過激になって極端な発言をすることである。そうすることで板垣の無謀な征韓論を抑えようとしたのである。これは西郷がよく使う手法である。前戦の戦闘隊長的板垣であれば相手を怒らして戦端を開かぬともかぎらないが、百戦錬磨の西郷である。開国の得失を諄《じゅん》々《じゅん》と説いて、今すぐではなくとも時期を見ての開国と日本との友交を約束したであろう。

江戸城無血開城のときもそうである。京都で官軍が江戸に向かって進発するときは、将兵に向かって「慶喜の首とるべし」と過激なことを言っている。圧倒的な兵力を誇る幕府と開戦するとき、兵の志気を鼓舞するためである。しかし、結果はどの官軍幹部が予想していたよりも寛大な処分であった。西郷は当初は慶喜切腹という厳しい処分を主張した。それは、開戦の当初であるにもかかわらず朝廷内に出ていた徳川氏に対する温情論を抑え、革命軍の厳しさを示さねばならなかったからである。結果は海舟との会談で最も寛大な処分とした。

第一次長州征伐後の長州藩処分のときも、大久保との書簡のやりとりでは厳しい長州処分を主張している。それは、西郷と大久保との書簡でのやりとりは公文書的意味あいもあり、必ず久光が目を通すという前提のもとで書いている。長州を憎みきっている久光の手前、厳しい表現にしなければならなかったのである。実際は征長軍総督徳川慶勝に長州処分を願い出て、単身敵地に乗り込み長州藩幹部と会い寛大な処分を行っている。

西郷のもう一つの外交上の手法は、相手情報を徹底して収集することである。それにより情勢の流れや、関係者のそれぞれの立場、思惑、利害得失などを分析し、自身の腹案を固めた後に行動に移している。情報収集も伝聞情報ではなく、自分が直接関係者に会って自分の目で見て判断をしている。これは西郷が斉彬の庭方役（秘書官）として、将軍継嗣運動で斉彬の命によりさまざまな立場の人と交渉し、情報を収集分析して報告し、そして指示を受けなければならなかったため、情報の正確さを最重要視したからである。

西郷は「情報は命」というほどに情報収集の大切さを知っている。征韓論が湧き上がったときも、池上四郎を中国に、別府晋介を朝鮮に派遣し情報の収集にあたらせている。西郷は問題を解決するとき、当事者間のみならず周辺情報を収集する。高台に登り流れる川の行く末を見極めるように、五年後十年後の結果を考えて手を打つ。そして「敬天愛人」の哲学と道義に基づき判断決断するのである。西郷は直情的で単細胞であるかのように描かれることも多いが、それはつくられた西郷像である。

大胆さと細心さを併せ持ち、人情の機微に通じ、大局をとらえ決断が早い。硬軟を織り交ぜどういう役でも演じきれる名役者である。そうだからこそ明君斉彬の名代としての役を演じ、また討幕の千両役者を演じきれたのである。しかし、薩長土肥の権力闘争が渦巻く明治政権内では自分の役割はないと思い、愚者を演じた。

朝鮮問題に関して西郷は解決できる自信があった。それが政争の具とされたので、あきれかえって「このような私の政権にとどまるべきでない」と、さっさと鹿児島に帰ったのである。

## 自ら愛するを以て敗るるぞ

「総じて人は己れに克《か》つを以て成り、自ら愛するを以て敗るるぞ。能く古今の人物を見よ。事業を創起する人其事大抵《たいてい》十に七八迄は能く成し得れ共、残り二つを終る迄成し得る人の希《まれ》れなるは、始は能く己れを慎み事をも敬する故、功も立ち名も顕るるなり。功立ち名も顕るるに随ひ、いつしか自ら愛する心起り、恐懼戒慎《きょうくかいしん》の意弛《ゆる》み、驕矜《きょうきょう》の気漸く長じ、其成し得たる事業を負《たの》み、苟《いやしく》も我が事を仕遂げんとてまづき仕事に陥いり、終に敗るるものにて、皆自ら招く也。故に己れに克ちて、睹《み》ず聞かざる所に戒慎《かいしん》するもの也」（『遺訓』二十一項）

（すべて人間は己に克つことによって成功し、己を愛することによって失敗するものだ。よく昔からの歴史上の人物をみるがよい。事業を始める人が、その事業の七、八割まではたいていよくできるが、残りの二、三割を終わりまで成し遂げる人の少ないのは、はじめはよく己をつつしんで事を慎重にするから成功もし、名も現れてくる。ところが、成功して有名になるに従っていつのまにか自分を愛する心が起こり、畏れ慎むという精神がゆるんで、おごりたかぶる気分が多くなり、そのなし得た仕事をたのんで何でもできるという過信のもとにまずい仕事をするようになり、ついに失敗するものである。これらはすべて自分が招いた結果である。だから、常に自分にうち克って、人が見ていないときも聞いていないときも自分を慎み戒めることが大事なこ

とだ）
これは『遺訓』にある西郷の言葉である。高杉晋作は「史伝に列する英雄豪傑は死をもって皆、度外に置く」と言い、自らは生命を軽ずる気魄をもって行動した。命を捨てるという覚悟にまさるとも劣らずできないのが己を愛さないということである。人間である以上は自分が大切であり、かわいい。己を愛さないというのは、毎日毎日一分一秒の我欲との戦いである。死ぬまで止むことはない。歴史上の人物といえどもこの戦いに勝ち続ける人間は少ない。豊臣秀吉の晩年は見苦しく憐れでさえある。秀吉といえど十のうち残り二つを仕上げることは難しいことであった。「自ら愛するを以て敗るるぞ!!」。西郷が大久保に言っているようである。

# 第七章

# 道義国家

# 西郷の考える道義国家とは

道義とは「人の行うべき正しい道」と『広辞苑』にある。これによれば「人の行う正しい道を行っている国」が道義国家ということになる。西郷が『遺訓』の中で語っている国家観を聞けば、西郷は明治国家を道義国家として建設するべきであると思っていたことが分かる。「人の行うべき正しい道」は西郷が青年のときから学び修業し訓練し常に追い求めて来た道である。この道がどういうものであるかを探求し、そしてそれを自身の身をもって体験してきた。

青年時代の『近思録』の研究、斉彬の薫陶、奄美大島での五年間、さまざまな経験を経て「人の行うべき正しい道」として西郷が考え至ったのが「敬天愛人」である。西郷はその行動のすべてを、一言一句、一挙手一投足を「人の行うべき正しい道」とは何かを追求することにあてた。その結果の「敬天愛人」の哲学であり思想である。新しく誕生した明治国家を道義国家にするべきであると西郷は思った。

政治は誰のために、何の目的をもってなすのか。このことを考えるとき徳川幕府の治世と新国家の治世が同じであってよいはずはない。ただ単に政府が代わり統治者が代わっただけでは、民や国民は元のままであり、その生活は決してよくならない。西郷は重税に苦しむ農民の生活や、封建制度の農民に対する非情さ非道さを目の当たりにしていたので、農民（国民）を救済するためには治世の制度を根本的に変える以外ないと考えていた。

西郷がこのような考え方をしていたことは『遺訓』をよく読めばそこに表れている。西郷は国家のありかた、役目をここまで考えていた。大久保、岩倉、木戸、大隈、山県、伊藤といった幕末明治の政治家と根本的に違うところである。西郷は欧米列強の脅威を恐れない。それは我彼の情勢をしっかり分析していたからであろうが、何よりも国民のための政治を行い、国民の活力と政府に対する国民の信頼一体化を増すことこそが最大の国力であると考えていたからである。

国家形成の目的は何であろうか。こう問われたら、西郷であれば即座に、それは国民に仁愛を施し、人の道を行わせることであると答えるであろう。西郷において国家とは道義国家であるべきであり、あるいは道義国家を目指す過程の国家でなければならないのである。

## 主権在民の弱さ

現在、もっともすぐれた政治形態は主権在民の民主主義である。共産主義と社会主義が衰退し、人類は民主主義以外の方法を見つけてはいない。日本では憲法で基本的人権が保障されている。それはあくまでも人として生きていく上での最低限のことが保障されているだけである。後は何もなく自由であり自由競争である。極言すれば、生きていけるだけの飯代は面倒見るが、後は税金を払えば死のうと生きようと自由であると言っているようにもきこえる。

自由主義、資本主義経済の中に人は放り出され、己の才覚次第で勝ち上がっていかなければならない。自由競争という意味では公平であり公正である。しかし、そこには「人の行うべき正しい道」すなわち道義という概念は含まれていない。自由競争とは、そこに一切の制限を課すべきではないという考え方である。自由競争という名の正義。与えられた機会は均等であるので、これ以上平等公平な方法はないではないかといっている。

確かに機会は平等である。たとえば宝くじで一枚しか買えない人と何千枚も買うことができる人とでは当たる確率は平等ではなくなる。宝くじを買うという機会は平等に与えられているが、人間には自己を利する欲がある。自分のために当たる確率を増やしたいと、あれこれ考えるものである。官公庁では競争入札が原則であるが随意契約も多く、競争入札であっても談合により名目だけの競争となっている。

スタートラインに立つという機会は均等であり競争の自由は平等にあるが、同一条件での競争ではない。誰しも有利な条件で競争に勝とうとし、そして継続して勝ち続けることを願う。これは競争原理においては人が抱く必然のものといえる。それゆえ条件の良い者が勝者となりやすく、そうでないものが敗者となりやすい。このような状況は時がたてばたつほど、有利なものはますます有利となり、そうでないものはますます不利になるという二極化を促進していく。そして経済的格差と社会的格差を国民の中に生み出していく。

主権在民は愚民の中での主権在民であってはならない。しかしながら、経済的、社会的格差が広がると、多数の国民が自分が生活していくので精一杯となり、政治のことなど考える余裕もなく次第に愚民化されていく。一人ひとりの国民に主権在民の意識が薄れ、政治は政治家の特権となり行政は公務員の特権となってくる。主権在民とは言っても、実態は選挙で投票するときのみの主権在民である。そこでは票は自分のものではなく、団体や組織やマスコミや風評のものとなってくる。

西郷が目指した道義国家とは、国民に人の行うべき正しい道を行ってもらうことであるから、国民に委託された政府は国民一人ひとりが人の道を行うことができるような環境をつくらなければならない。経済・社会全般においてそうしなければならない。愚民化政策は許されない。国民を導き、ときには叱ることさえしなければならない。

それが天の意志であり、すなわち国民の意志である。これはあまりに理想論すぎて空虚であるなら「天」という文字はなくしてもよい。主権在民の原点に戻してみても、政治は国民のためでなければならない。政治家や政党のためであっては決してならないのである。

## 教育とシステム

現在の日本はほぼ八割、道義国家になっていると思う。残り二割を教育と政治や経済のシステム改善で補えば道義国家となるであろう。世界の国々を見ても、日本が一番道義国家に近く、道義国家になりやすい民族である。教育は現在の教育制度でよいと思う。改善する点として日本史と世界史を、人類の歴史を学ぶという意味で基礎教育（中・高生）に取り入れる。歴史上の人物を学ぶことに重点を置く。人類の叡智である世界の哲学・思想・宗教を公正に学ぶため、これも基礎教育（中・高生）に取り入れる。さらに人としての正しい道を学ぶために公正な道徳教育を基礎教育（中・高生）に取り入れる。従来の教育科目に、これらの基礎教育を特定の思想や史観に偏ることなく公正で公明な基礎教育として修得させる。基礎教育を受けた後は、各自の自由な選択とする。

政治と経済に関しては、その行為の根底に道義的規範を設け不正、腐敗が起こりにくい環境にする。また政治制度や公務員制度の改革など政治や経済の中に新しいシステムや制度を導入することによって不正や腐敗を減少させる。これらの教育とシステムを現行の日本の体制に加えることにより、日本における道義国家の実現は可能である。

# 聖人政治

古来、人類は為政者の暴政悪政に苦しめられてきた。治める方も治められる方も人間である。為政者の善しあしによって直接苦しめられるのは、その国の国民であり民である。そのため人間として立派で人格者である聖人や哲学者が為政者になることが理想の政治形態であると考えられてきた。二十一世紀の現代においてもいまだに独裁者が存在し、その国民への被害は大きい。民主主義国家といえど、戦争紛争という暴政悪政は後をたたない。

西郷も『遺訓』の中で堯・舜の治世に言及していることから見ても理想の政治、理想の国家について考えていたことが分かる。西郷は、いかにしたら国民が安心し安定して生活することができるかということを基点に、そのための政治とは、国家とはどうあるべきかと考えていた。

日本の国家公務員は年齢制限があるだけで日本人であれば、一種、二種、三種と区分された試験に合格することで誰でも国家公務員になれる。この点では平等であり公平であるといってよい。しかし、スタートラインは同じであるが、入省してからの昇進の速度は全く違う。

一種合格者でなければ百％といってよいほど各省の長官である次官にはなれない。入省してのちは不平等と不公平な人事となる。各省庁の幹部は一種合格者で占められ、事務次官のポストを入省年度に応じて順送りで手にしていくという慣習になっている。

この項は聖人政治というタイトルなのでその視点で考えてみる。人間が立派であるとか、人格者であるといったことは、選考の対象にはならない。それよりも重要ポストへの就任経歴や大過なくすごしたかどうかや、予算を獲得し省益に貢献した、しないといった類のもので選考され次官の地位につく。

戦前の日本の海軍省や陸軍省においても、能力実力の有無ではなく、海軍大学や陸軍大学の何期卒であるか何年入省であるかが昇進選考の主な基準であったことが、無能な将軍を輩出し、敗戦の一因となったともいわれている。最近の社会保険庁の年金問題、農水産省の汚染米問題、防衛省の不正など今も昔も公務員の不正や腐敗は実に多い。このようなことに対して西郷は、人間の本質にまで入り込んだ対応と制度改革をしなければならないと述べている。世の中、一般の人は権力・権限を持ったら、七、八割は奄美大島の代官のように権力をたてにし、権限を振り回すものである。これが一般人の普通の状態であるという前提のもとに制度やシステムを構築すべきであると西郷は述べている。国家一種に合格しても普通の人なのである。決して「仕末に困る人」ではない。普通の人が高位高官になれば、代官のようになってしまうのが普通である。

聖人政治は望むべくもないが、あたかも聖人が政治や行政を行っているかのような制度やシステムをつくり、それが常に改善され清流の流れるごとく止まることがなければ、それはまさに聖人政治の実現ともいえるのではないだろうか。

# 日本が道義国家となり、それを世界の国に及ぼせ

日本は世界の経済大国となって久しい。考えてみれば、何かとアメリカとの関係は良い悪いは別としてずいぶん長い。太平の夢をむさぼっていたのを、いきなりペリーにたたき起こされた。それから日本は無我夢中でアメリカの素晴らしさ美しさに追いつこうとした。追いつこうとすると、アメリカは追いつくのは百年早いといわんばかりに日本に意地悪をして突き放した。怒って喧嘩になったが、その後はペリーのときのようにアメリカの素晴らしさ美しさに憧れ追いつこうと我を忘れてがんばってアメリカに従ってきた。良い悪いは別として、これが今日までの日本の姿である。

地球上の人類が世界各地で人間の国家を形成している。地球上における人間の存在意義は、果たして何であろうか。十年後、五十年後、百年後と人間はどのように進化

発展していくのであろうか。インターネットの普及や通信技術の発達で、世界各国の距離感はまったくなくなっている。北京オリンピック、民族紛争、小規模戦争、サブプライムローンに端を発したアメリカの金融危機といったのが今年起きた出来事である。西郷が言った「四海同胞、外国は隣りのごとく」は現実のものとなっている。今後も科学技術の開発により、「より便利に、より快適に」を求め人類文明はさらなる発展を遂とげるであろう。

しかし、明治維新から今年二〇〇八年（平成二十年）までに百四十年という歳月がたっているが、西郷の指摘した真実は今も変わらない。

人間が人である以上、人の道を歩まなければならない。それは宇宙の理である。草木や動物や他の生物が生成発展し、宇宙の自然の法則に従っているように、人が人として生きる道もこの宇宙の法則に従っている。西郷はこのように考え、道は天地自然のものと言い、道を行うには西洋人、東洋人の区分はないと主張している。西郷は百四十年前の時点で人種、民族、国籍を区別しないで人間（人類）としてとらえる考えを持っていた。

だから、欧米は文明だ、文明だと舞い上がっている人に、本当に欧米が文明だというのなら未開の国や後進国に対しては親切丁寧に慈愛をもって接しなければならないはずなのに、未開後進の国に対するほどむごく残忍ではないのか、これで欧米が文明国と言えるだろうかと話している。文明とは「道の普く行はるるを賛称せる言」とすれば、欧米は文明国とはいまだ言いがたいのである。

地球上の六十七億人の人間を統治する国家、政治形態を見てみる。民主主義、主権在民、資本主義、貨幣経済、市場原理、この五つの要素を主として人類は統治されている。今後人類が解決しなければならない地球規模の環境問題、人口増加による食糧問題、資源の枯渇といったことに対し人類はどのように対応していくべきであろうか。

アフガニスタンやイラクでは五年以上も戦闘が続いている。いまだに文明国でない大国アメリカやロシアや中国が資源や食糧の争奪で覇を争い、何かのきっかけで戦争に突入しないともかぎらないのである。人類は二度の世界大戦を経験し、その苦痛を味わったにもかかわらず、いまだに世界各国の共存共栄の方法を政治的にも経済的にも社会的にも見つけ出していない。

人類は国の運営の仕方や経済の運営の仕方について、試行錯誤を繰り返し、長い間迷い続けている。現代においてもどれが正しい政治の仕方でどれが正しい経済の仕方かは、まだ明確に分かってはいない。本来なら政治や経済の根本に置くべきである道義が忘れ去られているため、何千年たっても試行錯誤の状態が続くのである。人類の未来永遠の繁栄を願うとき、世界各国が共存共栄しなければならない。そのためにはそれぞれの国が道義国家となる必要がある。

まず日本が世界に冠たる道義国家となり、それを世界に及ぼしたらどうであろう。世界中の国を見ても、経済、人口、民族構成、精神文化、技術力、地理的位置など他国と比べても日本以上に適任な国はないのである。また、世界の共存共栄のために日本が果たすべき使命であると思う。

# おわりに

西郷隆盛の生きる目的は立身出世や事業で成功することではなく「人として成長すること」です。そのためひじょうに分かりにくく誤解されたまま後世に伝わっています。西郷の弁護人になるあまり、大久保のことを少し悪く書いたきらいがあります。西郷は征韓論や西南戦争について一切の弁明と自己弁護をしませんでした。それで誰かが西郷の弁護をしなければ、西郷像は永遠にこのままであろうと思われます。西郷より長く生きたことで『遺訓』にある西郷の言葉がだいぶ分かってきました。『遺訓』に表れている西郷の心の中に入って、厚顔無恥を顧みず西郷の思いを書いてみました。日本に一人でも多く大丈夫西郷吉之助のような人が現れることを願うからです。

最後に、編集・校正と文進印刷の高橋哲朗氏には大変お世話いただき本当にありがとうございました。また、私の長年の友人である嵩元盛兼氏には適切な助言をいただいたことを感謝します。

## 参考文献抄

『西郷南洲先生遺訓』（財団法人西郷南洲顕彰会発行・昭和五十一年）
『西郷南洲遺訓』（山田済斎編　岩波書店刊・昭和十四年）
『西郷隆盛』（海音寺潮五郎著　朝日新聞社刊・平成十九年）
『大西郷全集　第三巻』（大西郷全集刊行会　平凡社刊・昭和二年）
『奄美大島と大西郷』（昇曙夢著　新人物往来社刊・昭和五十二年）
『西郷隆盛』（山口宗之著　明徳出版社刊・平成五年）

※本文中の『遺訓』の訳は、財団法人西郷南洲顕彰会発刊の『西郷南洲先生遺訓』（口語訳付）からの引用である。

●著者紹介

早川 幹夫（はやかわ・みきお）
昭和23年5月15日、鹿児島県奄美市名瀬生まれ。
長崎東高校卒、拓殖大学卒。琉球大学で文部事務官として9年6カ月勤務。
退職後、事業を始め、現在人材派遣会社を経営。著書に『一箇の大丈夫　西郷吉之助』『道義国家を目指した　西郷吉之助』などがある。

仕末に困る人　西郷吉之助

2009年 3 月 1 日　　初版第1刷発行
2010年 5 月27日　　初版第2刷発行
2017年12月18日　　初版第3刷発行
2020年 5 月15日　　初版第4刷発行

著者　早川幹夫
発行　道義出版
〒105-0004
東京都港区新橋2-20-15　新橋駅前ビル1号館919
一般財団法人　道義財団
TEL　03-6263-8770　FAX　03-6262-5169
HP　http://dougi.org/pub/
EMAIL　info@dougi.org

発売所　株式会社星雲社
〒112-0005
東京都文京区水道1-3-30
TEL　03-3868-3275　FAX　03-3868-6588
印刷・製本　株式会社 シナノ書籍印刷

ISBN978-4-434-27496-1 C0095